명저 읽기와 글쓰기

이공계열

명저 읽기와 글쓰기
초판 발행 2011년 3월 25일 | **초판 2쇄** 2013년 3월 20일
지은이 김기호 · 이혁화 · 조보라미 | **펴낸이** 노석균 | **펴낸곳** 영남대학교출판부
출판등록 1975년 9월 5일 경산 제16-1호 | **주소** 경북 경산시 대동 214-1
전화 053) 810-1801~3 | **FAX** 053) 810-4722 | **홈페이지** book.yu.ac.kr
ISBN 978-89-7581-406-8
• 값은 표지 뒷면에 있습니다.
• 잘못 만들어진 책은 바꾸어 드립니다.

명저 읽기와 글쓰기

이공계열

김기호 · 이혁화 · 조보라미

pegasus

머리글

지식 기반 사회에 기초할 21세기 매체적 환경의 급속한 변환은 교양교육에 대한 새로운 반성과 모색의 필요성을 동시에 강요하고 있다. 다원화, 다각화, 다변화되어 가는 시대에 부응하고 진취적 인재 양성에 부합하는 새로운 교양교육에 대한 요구가 드세어 가는 요즘 이 책은 우리나라 대학 교양교육의 새로운 패러다임을 제시하고자 만들어진 교재이다.

이 책의 가장 큰 특징은 많은 고전을 쓰기와 읽기 교육의 텍스트로 끌어들인 데 있다. 그러면서 고전이 단순히 '고古' 전에 머물지 않고 오늘의 우리 삶에 어떻게 '현現' 전으로 되새김질할 수 있는지에 대한 고민의 결과물이기 때문에 우리는 고전을 굳이 명저라고 지칭하였다. 우리 대학에서 과감히 도입한 교양교육의 획기적인 프로그램은 이미 주요 언론에 여러 번 소개되었으며, 다수의 대학들에서 우리 대학교의 교양교육 프로그램을 본떠서 따라하기 시작했다. 이 책은 바로 그러한 획기적인 교양교육의 방향을 구체화하기 위해 마련된 결과물이다.

이 책은 기왕의 쓰기 위주 교육을 뛰어넘어 읽기, 쓰기, 토론하기 등의 과정을 복합하고 조화시켜 능동적이고 진취적이며 창조적인 인재 교육에 필요한 내용들로 구성되어 있다. 특히 명저 백선을 토대로 하여 고전의 현대적 의미를 재해석하여 추출하고 그것이 오늘과 내일의 삶에 어떤 방식으로 활용될 수 있을지에 대한 화두를 제시하고자 했다. 이를 위해 지난 1년여 동안 국어국문학과와 국어교육과 교수들, 특히 필진으로 참여한 교수들의 고민의 무게는 적지 않았다. 그 고민의 결실이 '명저 읽기와 글쓰기'로 맺어졌다.

이 책은 영역의 학문적 특성을 고려하여 크게 네 전공 영역으로 나누어 집필되었다.

① 인문계열 '명저 읽기와 글쓰기'

— 어문, 역사, 철학, 심리, 신문 · 방송 · 광고 분야

② 사회계열 '명저 읽기와 글쓰기'

— 법, 정치, 행정, 경영 · 경제 분야

③ 이공계열 '명저 읽기와 글쓰기'

— 이과, 공과, 약학, 의학 분야

④ 사범예체능계열 '명저 읽기와 글쓰기'

— 사범, 미술, 음악, 체육 분야

이 책은 한 학기 동안 약 7권의 명저를 읽고, 그것을 현재적 의미로 재해석하는 과정을 거쳐 학습자의 생각을 글쓰기로 드러내도록 구성되어 있으며 글쓰기 단계마다 첨삭지도가 더해져 심화학습이 가능토록 했다. 그리고 이런 과정들 속에 다양한 쓰기와 토론의 형태를 유기적으로 연결하여 한 학기를 마칠 때쯤이면 더 큰 사고를 할 수 있도록 유도하였다. 무엇보다 이 교재가 가진 장점은 과정들 속에 학습자들이 능동적으로 참여하여 사고의 깊이와 폭을 더할 수 있도록 구성되었다는 점이다.

이 책의 집필에는 각 영역별로 3명의 필진이 참여하였으며, 책이 완성될 때까지 매월 2회 이상의 공동회의와 매 학기 2회 이상의 교과목 담당 교수들의 집담회를 거쳐 교재를 다듬어 갔다. '명저 읽기와 글쓰기' 라는 강좌 자체가 우리나라 대학 교육에서 교양 필수 과목으로 채택된 것이 '초유의 사건' 이기 때문에 집필 초기 단계에서부터 상당한 중압감을 가지지 않을 수 없었다. 각 영역별의 학문적 특성을 고려한 텍스트를 우선 선정한 뒤 선정된 명저를 집필진이 먼저 읽고 해석해야 했으며, 그것의 현재적 가치를 찾아내는 작업을 하는 동안 다양한 사례들을 살펴 모형을 개발했다. 아울러 각 명저별 관련 자료를 탐색하여 다양한 견해들을 놓치지 않으려 애썼다. 그런 지난한 과정을 거쳐 이 책은 완성될 수 있었다. 집필진은 저마다 새로운 길을 연다는 개척자의 정신으로 집필에 임했으며, 수많은 회의가 진행되는 동안 쏟아진 다양한 견해들을 하나로 모아가는 과정에서 훌륭한 교양인과 전인적 지성인을 배양해야 한다는 하나의 초점을 향해 가는 열정을 확인할 수 있었다.

이 책은 공동의 산물이다. ① 인문계열 '명저 읽기와 글쓰기'는 김정화 · 노상래 · 박승희 교수가, ② 사회계열 '명저 읽기와 글쓰기'는 김문주 · 심상민 · 정시열 교수가, ③ 이공계열 '명저 읽기와 글쓰기'는 김기호 · 이혁화 · 조보라미 교수가, ④ 사범예체능계열 '명저 읽기와 글쓰기'는 이강옥 · 이미향 교수 및 김효주 외래교수가 집필하였다. 꼼꼼히 살펴 깊이 생각하고 신중하게 써서 퇴고하였지만 빠뜨린 부분이 혹 있을지 모르겠다. 질정해 주시면 고치고 보태려 한다.

이제 이 책을 세상에 내놓게 되었다. 작은 열매이지만 큰 울림이 있기를 바란다. 쉽지 않은 작업에 뜨거운 열정과 사명감으로 동참한 모든 집필진의 바람은 단 한 가지이다. 이 책이 세상을 따뜻하게 만들 수 있는 아름다운 인재들에게 작은 지침이 될 수 있었으면 하는 것이다. 아울러 책에 인용된 자료를 사용할 수 있도록 흔쾌히 허락하여 준 많은 저자들과 출판사들에 감사를 드린다. 그리고 행 · 재정적 지원을 아끼지 않은 이효수 총장, 전경희 기초교육대학장과 영남대학교 출판부에 감사의 뜻을 전한다.

2011. 3.

『명저 읽기와 글쓰기』 집필진 일동

책 안내

이공계열 학생들은 전공의 특성상 대학에서 주로 자연법칙이나 규칙과 같은 것을 배우게 된다. 그리고 다른 전공에 비해 실험과 실습이 많은 편이다. 가치관의 관점에서 볼 때 이러한 과정은 수많은 견해, 이론, 그리고 법칙들 속에서 연구 계획을 세우고 결과 값을 기대하고 산출하는 데 필요한 가치중립적인 사고체계 혹은 그러한 사고방식을 익히도록 하는 것을 목적으로 한다.

그렇지만 한 가지 예상되는 것은 그러한 사고방식의 훈련이 우리가 흔히 말하는 사회생활에 난제로 작용할 수 있다는 점이다. 다른 사람들과 의견을 주고받을 때 자신의 견해와 타인의 견해를 조율할 수 있는 기본적인 능력을 약화시킬 수도 있겠기 때문이다. 전공에 관한 지식이나 법칙들은 자신에게는 강력하고 완성된 사고체계나 가치체계로 작용하겠지만 다양한 경험을 가진 대다수의 사람들에게는 이해할 수 없는 수수께끼와 같은 것으로 비칠 수도 있다. 만약 그렇게 되면 자신을 고립시키거나 혹은 타인들로부터 고립되는 결과를 자초하게 될 것이다.

이 책을 통해 이공계 학생들이 가져주었으면 하는 것은 자신의 가치관과 타인의 가치관을 비교하고 재해석하여 새로운 자신의 가치관을 형성하였으면 하는 것이다. 왜냐하면 이것은 오래 전부터 제기되어온 문제인 삶의 의외성 곧, 예측불가능성이나 무작위성에 대한 수용과 자기화와 관련이 깊기 때문이다. 그리고 잠만 자고 일어나면 새롭게 변해있는 과학 기술 환경들에 대한 공포, 이름하여 무지에 대한 공포에 면역력을 키워주어 자신의 전공을 심화시키는 작용도 겸하게 될 것이기 때문이다.

이 책에서 여러분에게 완독하기를 요구하는 명저들은 여러분들이 기존에 알고 있는 것과는 다른 내용이어서 다소 지루하고 따분하게 느껴질 수도 있다. 하지만 명저 읽기와 글쓰기를 통해 전혀 생소한 분야에 접근해 나가면서 얻은 앎과 자신의 기존 세계관을 비교하고 재해석하며 자기화해 나가는 훈련, 그리고 그러한 훈련의 결과를 타인들과 비교하고 공유해 나가는 것은 여러분의 전공 공부와도 적잖은 연관이 있을 것이다. 이러한 훈련은 또한 사회적 교제에도 하나의 도구로 작용하여 자신감을 가지고 서로에게 원만하고 유익한 교제를 가능하게 할 것이다.

이 책의 제1장에서는 읽기와 쓰기, 그리고 토론하기의 세 영역이 각기 독립된 기능을 하면서도 통합적으로 연동되었음을 밝혔다. 제2장과 제3장, 그리고 제4장에서는 명저 읽기와 기초적 글쓰기를 통합하여 가치 발견과 해석의 디딤돌을 놓았다. 제5장과 제6장, 그리고 제7장과 제8장에서는 명저 읽기와 심화된 글쓰기를 통합하여 명저의 핵심 가치 발견과 가치의 현재적 해석을 안정화시키고 미래 가치로의 연결성을 확보하고자 하였다. 이는 우리 학생들이 미래의 가치를 구체화하는 데 도움을 주고자 한 것이다.

부록에는 여러분들의 인문학적, 사회학적, 예술적 지평을 넓히도록 세 권의 명저 읽기와 쓰기를 실어 두었다. 그리고 한글맞춤법과 표준어 규정을 마련해 두어 맞춤법과 표준어에 관한 문제 해결 능력을 스스로 향상하도록 하였다. 책의 마지막에 영남대학교 선정 명저 백선 목록을 밝혀 둔 것은 대학 4년 동안, 그리고 졸업 후에도 이를 참조하여 지속적으로 명저를 읽기를 바라서이다. "위대한 영혼은 정신을 논하고, 범상한 영혼은 사람을 논하고, 작은 영혼은 사물을 논한다."라는 말이 상당한 오류를 내포하고 있다 하더라도 그것이 함축하는 의미가 무엇인지를 생각해 보는 것은 유익한 일이 될 것이다.

차례

1 '세상'을 읽고 '나'를 쓰다

| 명저 읽기의 참 의미 |

모든 것이 돈으로 환산되는 시대이다. 공공의 이해와 공동체의 가치가 자본의 논리 앞에서 그 의미를 상실해 가고 있는 요즘이다. 일상에서는 인간을 둘러싼 삶의 가치가 엷어지고 상대적으로 쾌락의 입맛이 세계를 장악해 가고 있다. 자연히 어떤 문제에 대한 옳고 그름의 판단보다는 무엇이 좋고 싫은가를 더 따지는 사회가 되어 가고 있다. 이런 사회적 분위기는 언어를 통해 세계와 인간에 대해 사유하는 것을 낯설게 한다. 주지하다시피 언어를 통한 사유 방식은 세계의 가치를 재인식하고 자신의 현재를 반성하는 깊은 정신의 세계이다. 특히 '책읽기'는 세계를 이해하는 능력인 동시에 의미의 재구성을 통해 독자 나름의 세계를 창출하는 능력을 의미한다.

그러나 책읽기는 일정한 시간과 끈기를 요구하며 부분적으론 고통을 수반하는 다소 '수공업'적인 방식이라는 점에서 결코 간단치 않은 사유의 방식이다. 감각적 쾌락과 말초적 상황에 익숙한 요즘 세대에서 보면, 사실 책읽기는 현실감 떨어지는 공부법이다.

한편, 중 · 고등학교 교실에서 '읽기 수업'은 '읽기'를 오히려 방해하거나 거리감을 조성하는 과정이었다. 특히 중등 교육과정에서 '읽기'는 국어 교육의 주요 영역이면서도 입시 위주의 교육 환경 속에서 소외되거나 개인의 취미로 정리되기 일수였다. 더욱이 독서 교육이 '실적'과 같은 외적인 평가 결과를 중시하는 풍토에서는 책과 학생의 유기적 관계를 기대할 수는 없었다.

그런데 최근 '책읽기' 에 대한 관심과 이해가 달라지고 있다. 우선, 초등 교육과정에 '독서 이력제' 등이 도입되어 수학 능력 평가의 새로운 기준으로 활용되고 있다. '읽기' 가 학생들의 창의와 인성 교육을 위한 도구 교과이며 기초 학습 역량을 강화하는 중요한 교육과정이 되고 있는 것이다. 또한 전통적으로 '읽기' 교육에 대한 중요성을 전면에 내세우는 서양 교육의 영향도 컸다. 시카고 대학 등 세계 유수의 대학에서 실시하고 있는 '고전읽기 프로그램Great Books Program' 이 보여준 책읽기의 위대한 결과는 우리의 책읽기 교육을 되돌아보게 하였다. 이는 최근 국내 대학에서 '읽기' 교양을 강화하는 추세와 관련하여 좋은 역할 모델이 되고 있다. 한편, 학교 바깥에서는 대중 지성들이 생활 속 독서의 의미를 재발견하면서 다양한 독서 클럽과 모임을 만들어가고 있다. '읽기' 와 관련된 다양한 책들의 출간도 '읽기' 의 선풍을 확인하는 대목이다.

학계에서도 '읽기' 를 둘러싼 학제 간 논의와 전문적인 연구가 활발하게 진행되고 있다. '읽기' 가 '국어 교육' 의 하위 영역에 머무르지 않고 '독서학' 이란 학문적 층위로 발전하고 있다. '한국독서학회' 가 만들어지고 독서의 역사, 독서전략, 독서교육, 독서와 문학의 관계, 독서치료, 독서문화사 등 다양한 분야에서 전문적인 연구가 진행되고 있다.

이러한 '읽기' 의 중요성은 '읽기' 가 모든 수학 능력의 기초라는 인식과 사회적 의사소통, 창의적 활동과도 깊이 관련된다는 이해에서 비롯된 것이다. '읽기' 는 단순히 읽는 행위 자체를 넘어 시대 상황을 분별하고 정보를 획득하는 과정에서 지식 축적을 경험하는 강력한 교육적 효과를 지니고 있다. 나아가 세계적 눈높이를 확보하며 우리 시대의 핵심 주제와 그 현재적 흐름을 읽는 기회를 제공한다. 당대 표현 문화의 흐름을 간파하는 것도 '책읽기' 의 또 다른 결과물이다.

한편, 우리의 '명저 읽기와 글쓰기' 수업은 '명저' 혹은 '고전' 을 텍스트로 하고 있다. 학교 '명저선정위원회' 에서 엄선한 '명저 100선' 을 중심으로 각 계열(인문계열, 사회계열, 이공계열, 사범예체능계열)마다 6~7권의 명저가 우리 수업의 텍스트가 된다. 그럼 왜 명저인가? 명저에는 인간 사회의 중요한 경험들이 응축되어 있다. 명저를 통해 우리는 인간 사회의 다양한 가치를 만나게 된다. 그리고 그 의미와 가치를 오늘에 재구성할 수 있다. 시대를 관통하는 진리를 만나고 그 핵심적 가치를 현재화하는 것은 명저 읽기의 중요한 이유가 될 것이다. 또한 명저 읽기는 현재와 호흡할 때 비로소 제 의미를 찾는다. 책은 사람이 시대와 함께 호흡한 결과이기 때문이다. 그러므로 명저 읽기는 오늘의 다양한 삶에 대응하는 하나의 방식이며 다양한 가치에 접촉하는 사회적 실천이라고 할 수 있다. 이런 까닭에 명저 읽기는 절대 불변의 무엇을 학습하는 것이 아니다. 그것은 명저가 '읽기'의 주인공인 오늘의 나 자신에 의해 재구성되기 때문이다.

이러한 생각을 바탕으로 우리는 명저를 선정하고 교재를 준비하였다. 다음은 교재를 만들면서 특별히 고려한 내용들이다. 첫째, 우리 시대의 문제와 가치를 생각했다. 명저는 현재와의 적절한 긴장관계 속에서 그 가치와 의미를 찾을 수 있기 때문이다. 둘째, 여러 문화권의 명저를 다양하게 선정하였다. 가급적 동서 문화권의 대표적인 명저와 과거와 현재의 명저를 섞었다. 셋째, 각 계열별 대표 명저와 함께 다른 계열의 명저들도 선정하고 싶었다. 이를 통해 전공을 넘어선 다양한 영역과 만날 수 있기를 기대하였다. 넷째, '쓰기'로 이어지는 '읽기' 교육을 고민하였다. '읽기'와 '쓰기'를 연결함으로써 '언어적 사유'의 결과들을 각자가 경험할 수 있도록 했다.

독서전략 중에 '주어진' 명저의 두께만큼 책과 독자와의 거리는 멀어진다는 말이 있다. 물론 일방적인 책의 선정과 명저의 '절대화'를 경계하자는 뜻이다. 하지만 명저 읽기에 대한 상대적인 경험 부족과 책 선정에 한계를 가진 대학 초년생들이 가급적 명저에 빨리 접근하기 위해 우리는 명저를 미리 선정하였다. 이제 선정된 명저들을 읽을 시간이 되었다. '명저 읽기'가 우리들을 올곧고 뛰어난, 그리고 가슴 따뜻한 영혼들로 이끌어 줄 것이라 기대해 본다.

| '나'를 쓰는 글살이 |

한국인끼리 같은 한국어를 사용하는데도 머릿속에서 번역을 시도해 본 적이 있는가? 나이, 직업, 상황 등 개인별 처지에 따라 말은 종종 자기 말로 번역된다. 많은 사람들이 의사소통의 중요성을 강조하지만, 그 이면의 내용은 사실 의사소통의 어려움에 대한 하소연이다. 의사소통을 잘하면 많은 문제가 해결된다. 그러나 의사소통을 잘못하면 문제를 만들 뿐만 아니라 인간관계를 그르친다. 나의 생각을 전하고 남의 생각을 이해하는 일은 어렵고도 중요한 것이다.

사람의 생각은 어떻게 전해지나? 마음속에 품고만 있다면 그 누구도 알 수 없을 자신만의 생각을 가지고 우리는 타인과 소통하며 살고 있다. 사회 구성원으로서 나의 정상적인 삶은 내 생각을 전하는 것뿐만 아니라 무수한 이들의 생각을 알아들어야 가능하기 때문이다. 다행히 인간에게는 말과 글이란 소통의 도구가 있다. 그 덕분에 인간은 듣고 말하고, 그리고 읽고 쓰며 남과 더불어 산다. 결국 삶은 의사소통의 연속이다.

읽기와 쓰기는 글을 도구로 한 의사소통의 방법이다. '글살이' 란 말로 하는 생활보다 의도적인 노력이 더 투자되는 것인 만큼 누구에게나 어렵고 부담스러운 것이다. 그러나 글이 없던 때 시간과 공간의 한계를 벗어나지 못해 불편했던 의사소통을 상상해 보면, '글살이' 가 상당히 유익함을 이해할 것이다. 사실 인류가 글로 생활한 시간은 6000년 정도밖에 안 된다. 글은 오랜 시간 의사소통에 불편함을 느낀 인류가 필요에 따라 발명한 '위대한 발명품' 이었다. 그 후 글은 인간 세상의 문명과 함께 생활 속에 자리했고, 이제 글이 없는 현대인의 생활은 상상하기 어렵게 되었다. 그리고 글은 현대인의 일, 자아실현, 존재감 확립에 필수적인 도구로 쓰이고 있다.

현대사회의 구성원으로 성공하기 위해서 갖추어야 할 조건은 어떤 것일까? 많은 사람들이 영어, 기술 관련 자격증, 대인관계 형성 및 유지법 등을 들 것이다. 실제로 한 전문업체에서 조사한, 2010년 취업에 성공한 206명의 '대졸 신입사원 평균 스펙' 을 보면, 토익 평균 712점, 학점 3.5점, 자격증 평균 2개라 한다. 그러나 이는 취업의 준비과정에서, 자기 관리를 잘 하면서 얻게 된 일정 수준의 성적일 뿐이다. 그들의 성패에는 쓰고 말한 순간이 반드시 있었다.

인생의 중요한 문을 통과하는 데 글을 읽고 쓰는 능력은 결정적인 요인으로 작용한다. 학창시절에 글을 쓰는 능력은 좋은 성적을 취득하는 필수 조건이다. 학업 이후에는 취업과 승진 기회를 결정하는 관문에서 글 쓰는 능력이 통과 여부를 결정한다. 사회에서 일정 지위를 가지고 업무를 수행할 때는 글쓰기가 일하는 도구로 작용한다. 회사에서 제품사용 설명서를 작성하거나 홍보하며, 상사에게 결재 서류를 올리거나 임직원 및 소비자 앞에서 맡은 일을 설명한다. 미국에서 실시한 설문조사에 따르면 전문인은 직장에서 보내는 시간 중 3분의 1을 편집, 프레젠테이션 준비 등 쓰기와 관련된 일에 쓴다고 한다. 글을 쓰는 시간이 중간관리자 40%, 매니저 50% 등 승진할수록 그 비율은 더 늘어난다. 미국의 경우 '직장에서 제출하는 보고서'가 곧 '승진 청원서'가 되기도 한다. 마치 운전면허증이 운전기사만의 전유물이 아닌 것처럼, 현대에서 글쓰기는 작가만의 전유물이 아니다.

글쓰기에는 여러 가지가 있다. 쓰는 목적에 따라 학문적 글쓰기, 심미적 글쓰기, 실용적 글쓰기 등으로 나뉘고, 글쓰기와 관련한 실제적인 교육에서부터 학문에 이르는 넓은 영역에 걸쳐 있다. 이런 이유로 일반인들이 쓰기의 뜻을 오해하기도 한다. 결재 서류, 전자메일, 보고서, 제안서, 기획서, 제품설명서 등 우리의 삶을 유지하게 하는 실용적 글쓰기는 우리에게 필수불가결한 활동이다. 우리가 글을 전혀 쓰지 않아도 된다면 아마 사회 속에서 자신의 생존을 포기한 때일 것이다. 실용적 글쓰기 능력은 여러 시험의 순간에서 우리 삶을 앞으로 나아가게 할 뿐만 아니라, 타인에 대한 이해와 자신을 관찰하고 다스리는 데도 도움을 준다.

굳이 그러한 장점을 계산하지 않더라도 우리는 모두 글을 잘 쓰고 싶어 한다. 그런데 글쓰기를 잘하고자 하는 마음은 다 갖고 있는 데 비해, 좋은 글을 쓰려는 노력은 그리 구체적으로 하지 않는다. 의욕만으로는 좋은 글을 쓸 수 없다. 좋은 글이 어떠한 것인지 알고, 글을 잘 쓰는 구체적인 방법을 익혀야 한다.

좋은 글이란 알기 쉬운 글, 분명한 글, 재미있는 글이다. 글은 읽을 상대방을 전제로 하고 쓴다. 그러므로 상대방이 쉽게 이해할 수 있어야 한다. 매우 복잡하고 심오한 내용을 다루고 있기에 어려운 글도 있지만, 그런 경우보다 어려운 글은 자신도 잘 모르고 쓴 결과물일 때가 많다. 몇 번 읽어도 무슨 말인지 알 수 없는 글은 쓰는 사람도 제대로 알지 못하고 쓴 글이다. 자신이 충분히 잘 알고 쓰면 쉬운 글을 쓸 수 있고, 그 글은 분명히 전달된다. 또한 글은 재미있어야 한다. 단순한 흥미를 뜻하는 말이 아니다. 내용과 표현 방법이 독자의 눈길과 마음을 잡을 수 있는 것이어야 한다. 그러려면 글을 쓰는 이가 읽는 상대를 잘 파악하여 쓰기의 방식과 수준을 달리해야 한다. 결국 글을 쓰는 자신과 읽을 상대방을 잘 파악한 글이 좋은 글이다.

그러면 좋은 글을 쓰기 위해 무엇이 필요한가? 첫째, 자신이 쓰려는 내용을 잘 알아야 한다. 그리고 그것을 짧은 문장과 쉬운 표현으로 분명하게 그려내야 한다. 그림이 잘 그려지지 않으면 일단 써 놓고 고치고 또 고친다. 둘째, 그 글을 읽을 상대방의 수준과 관심을 잘 파악해야 한다. 주제를 정하는 머릿속 글에서부터 상대방을 배려하는 것이 필요하다. 이런 면에서 글쓰기는 종이를 매개로 독자와 의사소통하는 것이다. 쓴 글을 두고 독자에게 맞춰 다시 고치고 또 고친다. 그러므로 셋째, 좋은 글을 쓰려면 목적에 맞추어 고치고 또 고치는 과정이 필수적이다.

사실 좋은 글을 쓰는 법에 대한 정답은 이미 예전에 나와 있다. 천 년 전, 송나라 구양수는 이미 다독, 다작, 다상량을 후세에 알려 주었다. "매일 아침 30분씩 책을 읽었다."라고 한 미국에서 성공한 사업가의 성공 비결도 이와 같은 맥락이다. 많이 읽고 자주 쓰며 많이 생각하는 것이 결국 자신만의 좋은 글을 낳고, 자신의 능력을 보일 좋은 글을 쓸 수 있는 이가 성공하는 신화는 동서고금을 막론하고 통하는 비법이란 것을 알 수 있다.

"약은 과학이지만 맛은 문화다."라는 말이 있다. 인간은 누구나 같은 약을 먹을 수 있지만 '같은 음식'을 모든 인간이 똑같이 즐겨 먹지 않는다. 인간의 문화적 조건이 다르기 때문이다. 모든 인간이 동일한 주제라 할지라도 동일한 글쓰기를 할 수는 없다. 자기만의 독특한 맛과 향기를 내는 자신의 글쓰기가 필요하다. 그런데 그 향기는 아무에게나 주어지지 않는다. 글쓰기는 밥 먹기이다. 밥은 소화가 되면 다시 먹어야지, 일회적 노력으로 삶을 유지할 수 없다. 향기가 나는 글쓰기는 밥을 먹는 것처럼 꾸준한 열정이 있을 때 가능하다.

| 읽기 · 쓰기 통합 모델의 구현 |

이 책은 읽기와 쓰기가 연동되는 통합 모델을 구현한다. 해당 명저의 전모 파악과 내재화 그리고 자기 발현으로 특징되는 읽기와 쓰기의 장점들을 취합하여 읽기와 쓰기가 각각 별도의 영역이 아닌 하나의 통합된 영역으로 구체화한 것이다. 이는 영남대학교의 교육 이념인 '인성과 창의성을 갖춘 Y형 인재육성'과 본 교과의 목표인 '명저의 핵심가치를 발견하여 현재적 가치로 재해석하고 이를 미래적 가치로 실현하는 것'과도 무관하지 않다.

읽기와 쓰기의 통합을 통해 이 책은 막 학문의 세계에 들어선 학생들이 명저에 담긴 핵심적 가치를 찾아내고, 그 위에서 자신만의 문제의식을 끄집어내 분석하고, 고민하고, 교수 · 학생과 토론하면서 이를 현재적 가치로 재창출하는 길을 걷도록 안내자 역할을 한다. 그리고 자신의 논리를 설득력 있게 표현하는 능력을 배양하는 훈련 과정을 단계적으로 제공하여 논리력과 분석력, 문제해결능력을 기르게 한다. 비유하자면 이 책은 학문의 세계에서 막 등산을 하고자 하는 학생들에게 정상에 오르는 지도를 손에 쥐어줌으로써 그들 스스로 정상에 이르고 근원에 이르러 그 묘미를 맛보게 한다.

학생이 손에 쥔 지도를 펼치면 다음과 같은 순서와 단계로 된 안내 표시를 만난다. 첫째 선정된 명저를 완독하라는 표시를 만난다. 이 표시를 만나면 학생은 '책으로 책을 보고, 사물로 사물을 보며, 먼저 자기의 의견을 내세우지 않는 자세' 로 명저를 완독해야 한다. 안내된 대로 완독하지 않으면 다음의 단계로 나아갈 수 없다. 이 단계를 통과하면 둘째로 읽은 내용을 수업 중 동료들과 함께 나누라는 표시를 만난다. 이 활동은 읽은 내용을 보다 더 정밀하고 깊이 있게 이해하기 위해서이다. 이 단계를 원만히 수행하면 셋째로 읽은 내용에 대해 의문을 가지고 그 의문을 교수 · 학생들과 토의하고 토론하라는 안내 표시를 만난다. 새로운 이해[新意]를 얻기 위해서 의문을 품고 먼저 이해한 내용[舊見]을 뒤로 물려 놓으라는 뜻이다. 그리고 의문을 해결하기 위해 토론 혹은 토의하라는 것이다. 이 단계를 충실히 수행하면 정상에 올라 명저의 핵심가치를 맞이하는 기쁨을 맛보게 될 것이다.

명저의 핵심가치를 맞이하는 기쁨에 도취되는 것으로 끝나서는 안 된다. 안내 지도는 수행해야 할 넷째 단계를 설정해 둔다. 맞이한 핵심가치를 수용하고 수용된 핵심가치가 마침내 현재 나의 내면에 갖추어진 것임을 알고 내면화하는 단계이다. 이는 명저의 핵심가치에 대한 내면화이자 현재적 가치로의 재해석이다. 이것은 나의 내면을 확충하고 창조적으로 나의 자아실현을 돕는 것이라는 점에서 중요하다. 이 단계가 없다면 명저의 핵심가치는 하나의 지식으로 전락하고 만다. 급히 지식을 습득하여 이를 현실적 목적에 써먹고자 하는 의도가 아니라면 그렇게 해서는 안 된다. 그렇게 하는 것은 익지 않은 벼의 이삭을 뽑는 알묘조장揠苗助長과 다르지 않다.

핵심가치를 내면화하고 재해석하였다면 다섯째 단계로 그것을 쓰기를 통해 표현하라는 안내 표시를 만난다. 배우는 사람은 기질과 식견을 두터이 하여 글을 쓰는 작업을 중요하게 여겨야 한다. 재해석된 핵심가치는 기존의 의견과는 상반되는 새로운 의견이 된다. 이 새로운 의견은 다른 사람과 소통되어야 한다. 소통을 위해서 이 단계에서는 특별히 재해석된 새로운 가치를 바람직하게 표현하는 방법을 익히고 훈련을 해야 한다. 이

다섯 번째 단계를 통해 명저의 핵심가치를 발견하여 현재적 가치로 재해석하는 일련의 과정은 완료된다. 그러나 완료된 과정의 결과가 보다 큰 의의를 얻기 위해서는 이것이 미래의 실천적 삶을 위한 준거 체계로 작동되어야 한다.

명저 읽기와 쓰기는 이처럼 낮은 곳으로부터 시작하여 높은 곳에 이르는 과정에 비유된다. 그러나 산을 오르다가 중턱에서 힘이 부치면 하산을 해야 하듯이 읽고 쓰기를 완성하는 과정에서 힘에 부치는 곳이 생기면 다시 앞의 단계로 되돌아가야 한다. 처음 단계를 포함하여 앞의 단계로 되돌아가지 않으면 산에서 조난을 당하듯이 더 이상 앞으로 나아갈 수 없다. 앞의 단계로 되돌아가서 힘을 회복하고 힘이 회복이 되면 다시 다음 단계로 나아가야 한다.

모든 단계는 교실 안의 활동과 교실 밖의 활동으로 나뉜다. 명저를 완독하는 활동, 핵심가치를 내면화하는 노력, 그리고 재해석된 미래적 가치의 실천 등은 교실 밖의 활동이다. 읽은 내용의 동료 학생과 공유, 의문을 풀기 위한 토론과 토의, 그리고 쓰기는 교실 안에서 이루어지는 활동이다. 교실 밖의 활동과 교실 안의 활동은 모두 자기 주도로 하는 활동이기는 하지만 혼자서 하는 활동과 동료 학생과 함께 하는 활동이라는 점에서 차이가 난다. 이 두 종류의 활동을 안배한 것은 이 두 활동을 함께 하는 경험을 통해 점차 이 모든 과정을 학생 스스로 수행할 수 있도록 유도하기 위함이다.

교실 안의 활동을 원활히 수행할 수 있도록 이 책은 '읽은 내용의 동료 학생과 공유', '토론 및 토의', 그리고 '쓰기' 등을 위해 각각 75분씩의 시간을 안배한다. 각각은 75분의 시간 안에서 완료되어야 한다. 그러나 각각의 활동이 반드시 75분 안에 다 완료되어야 하는 것은 아니다. 활동 중 특별히 중요하다고 판단되는 경우에는 75분을 더 할애함으로써 학습의 완성도를 높이도록 한다. '읽은 내용의 동료 학생과 공유'가 특별히 중요하다고 판단되는 경우에는 75분 안에 완료하지 않고 75분을 더하여 수업을 한다. '토론과 토의', '쓰기' 활동에 주어지는 시간들도 이와 동일하게 적용된다. 이렇게 하여 한 명저 당 75분이 네 번 배당된다.

명저 읽기와 글쓰기의 통합은 명저의 핵심가치를 발견하여 현재적 가치로 재해석하며, 이를 기초로 미래적 가치를 실현하기 위한 모델이다. 이 책에서 제공하는 명저 읽기와 글쓰기 통합 교과 내용은 우리 학생들이 이러한 목표를 스스로 수행하는 능력을 함양하도록 기획된 것이다. 짧은 기간 동안이지만 이 책에서 제공하는 일련의 순서와 단계를 충실히 공부하기를 바란다. 이를 충실히 공부한다면 인생에서 스스로 정상에 이르러 그 묘미를 맛보는 기쁨을 누리게 될 것이라 기대한다.

2 『이기적 유전자』를 읽고 쓰다

| 학습 목표 |

- 『이기적 유전자』를 읽고 유전자의 관점에서 진화 과정과 생물의 행동에 대해 생각해 보고, 인간의 윤리성과 유전자는 어떤 관련을 맺고 있는지 생각해 본다.
- 책에 대한 이해를 바탕으로 다양한 쟁점들에 대한 발표와 토론을 수행한다.
- 글쓰기의 기초(주제 설정, 제재 수집)를 익힌다.

| 해제와 저자 소개 |

●해제

한 권의 책 때문에 인생관, 가치관, 세계관이 하루아침에 뒤바뀌는 경험을 한 적이 있는가? 내게는 '이기적 유전자'가 바로 그런 책이다. 삶이란 무엇인가? 나는 과연 무엇을 위해 생겨났나? 언뜻 보면 내가 생명의 주체일 수밖에 없어 보인다. 내가 바로 숨을 쉬고 밥을 먹고 또 죽어갈 장본인이기 때문이다. 하지만 하버드대의 진화생물학자 에드워드 윌슨은 다음과 같이 말한다. "닭은 달걀이 더 많은 달걀을 만들기 위해 잠시 만들어낸 매체에 불과하다." 닭이 알을 낳는 것 같지만 사실 알이 닭을 낳는 것이다.

도킨스는 우리에게 삶을 바라보는 새로운 관점을 제시한다. 그에 의하면 살아 숨쉬는 우리는 사실 태초에서 지금까지 여러 다른 생명체의 몸을 통해 끊임없이 그 명맥을 이어온 DNA의 '계획'에 따라 움직이는 기계일 뿐이다. 그래서 그는 DNA를 '불멸의 나선'이라 부르고 그의 지령에 따라 움직일 수밖에 없는 모든 생명체를 '생존 기계'라 부른다.

신하들을 풀어 불로초를 찾게 했던 진시황제도 결국 한 줌 흙으로 돌아갔다. 그의 몸을 구성하고 있던 100조 개의 세포 속에 들어 있던 DNA도 모두 사라지고 말았다. 그러나 그의 정자 속에 담겨 그의 자식의 몸으로 전달된 DNA의 일부는 아마 지금도 누군가의 몸속에 살아 숨쉬고 있을 것이다.

이처럼 유전자의 관점에서 바라본 생명은 영속성을 지닌다. 태초에는 보잘것없는 한낱 화학물질에 지나지 않았던 DNA는 단세포생물을 거쳐 오늘날에는 인간을 비롯한 모든 생명체의 몸속에 살아남아 면면히 그 역사를 이어가고 있다. 생명의 역사는 한마디로 DNA의 일대기 내지는 성공담에 지나지 않는다.

'호랑이는 죽어서 가죽을 남기고 사람은 죽어서 이름을 남긴다'는 우리 속담을 이기적 유전자의 눈높이에서 다시 보면 '호랑이도 죽어서 유전자를 남기고 사람도 죽어서 유전자를 남긴다'라고 할 수 있다. 유전자의 눈높이에서 바라보는 생명은 사뭇 허무해 보인다.

하지만 그 약간의 허무함을 극복하면 무한한 겸허함을 느낄 수 있다. 내가 내 생명의 주인이 아니라는 걸 받아들이면 내 생명은 물론 이 세상에 생명이 있는 것은 다 아름답다는 지극히 단순한 사실에 머리가 숙여질 것이다.

삶에 대한 회의로 밤을 지새우는 젊음에게, 그리고 평생 삶에 대한 회의를 품고 살면서도 이렇다 할 답을 얻지 못한 지성에게 '이기적 유전자'를 권한다. 일단 붙들면 밤을 지새울 것이다. 그리곤 세상을 바라보는 전혀 새로운 눈으로 다음 날 아침을 맞을 것이다. 나는 내가 가르치는 모든 과목에서 이 책을 권한다. 적어도 이 책만큼은 읽어야 내게 강의를 들었노라고 말할 수 있다고.

'이기적 유전자'로 인해 거듭난 이들에게 도킨스의 또 다른 명저 '확장된 표현형'을 함께 권한다. 유전자의 표현형은 유전자를 다음 세대에 전달하는 도구이며 그 효과는 생명체의 몸 밖으로 확장되어 심지어 다른 생명체의 신경계 속으로까지 파고든다는 메시지를 전달한다.

도킨스는 현재 옥스퍼드대의 '과학대중화 석좌교수'로서 현대적인 진화의 개념을 알

리는 데 전념하고 있다. (최재천, 이화여대 에코과학부 석좌교수)

●저자 소개

클린턴 리처드 도킨스Clinton Richard Dawkins(1941년 3월 26일~)는 영국의 동물행동학자, 진화생물학자 및 대중과학 저술가이다. 그는 현재 옥스퍼드 대학교에서 "대중의 과학이해를 위한 찰스 시모니 석좌교수" 직을 맡고 있으며, 옥스퍼드 대학교 뉴 칼리지의 교수이다.

도킨스는 진화에 대한 유전자 중심적 관점을 대중화하고 밈이라는 용어를 도입한 1976년 저서《이기적 유전자》로 널리 알려졌다. 또한, 1982년 그는 표현형의 효과가 유기체 자신의 신체만이 아니라 다른 유기체들의 신체를 포함한 넓은 환경으로 전달된다는 것을 보여준 저서《확장된 표현형》으로 진화생물학계에서 폭넓은 인용을 받았다.

도킨스는 생물학 뿐만 아니라 무신론, 진화, 창조주의, 지적 설계론 및 종교에 대한 관심도 각별하다. 그는 창조주의와 지적 설계론에 대한 가장 적극적이고 단호한 비판가 중 한 사람이다. 1986년에 출판된 그의 책《눈먼 시계공》에서 그는 시계공의 비유(복잡한 시계가 저절로 만들어질 수 없듯이, 복잡한 유기체들도 그들을 만들어낸 지성적 존재가 있어야 한다는 주장)를 비판하고, 진화의 과정이 어떻게 '눈먼' 시계공으로서 작용할 수 있는지를 설명하였다. 그 외에도 그는 여러 권의 대중과학서를 집필했고, 텔레비전이나 라디오 프로그램에 여러 차례 출연해서 위의 주제들을 다루기도 했다.

| 읽고 생각하기 |

독서 노트

읽기 지침

- 유전자와 생명체의 관계가 어떠한지 유의하여 읽는다.
- '이기적 유전자'의 관점에서 해석되는 예들에 대한 반례가 있는지 유의하며 읽는다.
- '이기적'이라는 은유가 어떻게 사용되는지 유의하며 읽는다.
- 진화의 역사에서 유전자가 어떤 역할을 담당하고 있는지 탐색하고, '불멸의 유전자'에 대항할 수 있는 방법으로는 무엇이 있는지 생각하며 읽는다.
- 저자가 주제로 세우고 제재를 수집하는 방식에 주목하여 주제와 제재가 어떠한지 유의하여 읽는다.

●지도 작성하기

과제 1. 다음 제시문을 읽고 '이기주의, 이타주의' 개념과 정의에 적합한 사례를 수집하여 도표나 벤 다이어그램으로 작성해 보시오.

이기주의와 이타주의

이처럼 이타주의와 이기주의의 정의가 주관적인 것이 아닌 행동적이라는 사실을 이해하는 것이 중요하다. 여기서 행동의 동기에 대한 심리학에 관여할 생각은 없다. 이타적으로 행동하는 사람이 '정말로' 숨겨진 혹은 무의식적인 이기적 동기에 따라 그러한 행동을 하는지 안 하는지를 논의하려는 것이 아니다. 그들이 그렇든 아니든 우리가 그것을 알 수는 없기에 이 책에서 논의할 사항은 아니라고 생각한다. 다만 이 행위의 결과가 가상적 이타 행위자의 생존 가능성을 낮추고 동시에 가상적 수익자의 생존 가능성을 높여 주는 것을 이타 행위로 정의한다.

오랜 기간에 걸쳐 생존 가능성에 대한 행동의 효과를 증명하는 것은 대단히 어려운 일이다. 실제 문제로서 실재하는 행동에 정의를 적용할 때에는 '겉보기에'라는 말에 한정해야 한다. 겉보기에 이타적 행위는 이타주의자의 죽을 가능성을 높이고, 동시에 수익자의 오래 살아남을 가능성을 높이는 것처럼 생각하게 하는 행위이다. 자세히 조사해 보면 이타적으로 보이는 행위는 실제로는 모양을 바꾼 이기주의적인 경우가 많다. 다시 말해서 근원적 동기가 숨어 있는 이기적 동기라는 뜻이 아니라 생존 가능성에 대한 행위의 실제 효과가 우리가 처음 생각한 것과는 반대라는 뜻이다.

검은머리갈매기와 사마귀

겉보기에 이기적 행동과 이타적 행동의 예를 몇 가지 들어 보자. 우리가 우리 자신의 종을 취급할 때에는 주관적으로 생각하는 경향이 있으므로 다른 종의 동물을 예로 들겠다. 우선 개체에 의한 이기적 행동의 여러 가지 예를 살펴보자.

검은머리갈매기는 커다란 집단을 이루어 집을 짓는데 둥지와 둥지 사이는 불과 수 미터밖에 안 된다. 갓 태어난 어린 새끼는 무방비 상태이기 때문에 포식자에게 먹히기가 쉽다. 어떤 갈매기는 이웃 갈매기가 먹이를 찾으러 집을 떠날 때까지 기다렸다가 그 둥지를 습격하여 어린 새끼를 삼켜버리는 경우가 흔히 있다. 그리하여 그 갈매기는 먹이를 잡으러 나가는 수고를 할 필요도 없이 자기 둥지를 지키는 동시에 풍부한 영양을 섭취할 수 있다.

더 잘 알려진 예로 암 사마귀는 동족을 잡아먹는 무서운 성질이 있다. 사마귀는 커다란 육식성 곤충으로 보통 파리와 같은 작은 곤충을 먹는데, 움직이는 것은 무엇이든 공격한다. 교미 시 수놈은 조심스럽게 암놈에게 접근하여 암놈을 올라타고 교미한다. 암놈은 기회를 포착하면 수놈을 잡아먹으려고 한다. 수놈이 접근할 때나 자신의 몸에 올라탄 직후, 혹은 떨어진 후에 우선 머리를 잘라먹기 시작한다. 암놈은 교미가 끝난 후에 수컷을 잡아먹는 것이 자신에게 가장 유리한 것일지도 모른다. 그러나 머리가 없다는 것이 수놈의 남은 몸통 부분의 성적 행위의 진행을 멈추게 하는 것 같지는 않다. 실제로 곤충의 머리는 억제 중추 신경의 자리이기 때문에 암컷은 수컷의 머리를 먹는 것으로 수컷의 성행위를 활발하게 할 수 있다. 만약 그렇다면 이것은 암놈에게 추가적인 이득이 되는 셈이다. 물론 가장 주요한 이득은 암컷이 좋은 먹이를 얻는 것이다.

일벌의 이타적 행동

일벌이 침을 쏘는 행위는 꿀 도둑에 대한 아주 효과적인 방어 수단이다. 그러나 침을 쏘는 벌은 육탄 특공대다. 쏘는 행위로 생명 유지에 필요한 내장이 보통 침과 함께 빠져 버리기 때문에 그 벌은 얼마 지나지 않아 죽게 된다. 벌의 자살적 행위가 집단의 생존에 필요한 먹이 저장을 수호했을지는 몰라도 일벌 자신은 그 이익을 누리지 못한다. 정의에 따르면 이것은 이타적 행위이다. 우리는 여기서 의식적인 동기에 관계하는 그 무엇도 말하고 있지 않다는 것을 기억해야 한다. 이 경우에도 또 다른 이기주의의 경우에도 의식적인 동기는 있을 수도, 없을 수도 있다. 그러나 그 동기는 우리의 정의와는 무관한 것이다.

경계음

친구를 위해서 생명을 버리거나 위험을 감수하는 것은 이타적 행동임에 틀림없다. 대부분의 작은 새는 매와 같은 포식자가 날아가는 것을 보면 독특한 '경계음'을 내는데, 이 소리를 듣고 무리 전체가 위험을 피하게 된다. 경계음을 내는 새는 포식자의 주의를 자신에게 끌게 하므로 특히 위험에 처할 수 있다는 간접적인 증거가 된다. 그것은 다른 새들보다 위험이 좀더 많은 것에 지나지 않으나 이 또한 언뜻 보면 우리의 정의에 따른 이타적 행위에 포함되는 것으로 보인다.

– 리처드 도킨스 지음, 홍영남 옮김, 『이기적 유전자』, 을유문화사, 44~49쪽

과제 2. 『이기적 유전자』를 읽고 다음 표를 작성해 보시오.

개체	유전자

| 주제 설정과 제재 수집 |

●글쓰기의 절차

흔히 글을 쓰는 일은 집을 짓는 일에 비유되기도 한다. 한 채의 집을 짓기 위해서는 먼저 집을 짓는 동기와 목적이 분명히 해야 하며, 그것에 알맞은 모형들을 참고하여 설계도를 만들고, 이 설계도를 바탕으로 집의 각 부분들을 질서 있게 구축하며, 마무리 작업으로서 건물 전체를 다듬는 손질을 하여야 한다.

한 편의 글이 만들어지는 과정이 이와 같이 판에 박힌 공정과 꼭 같은 수는 없겠지만 유사한 것은 분명하다. 주제라고 하는 의도를 가지고서 적절한 자료들을 모으고, 글의 뼈대를 짜는 구상과 개요 작성의 단계를 거쳐 차례차례 집필해 나가는 과정이 이어지고, 마지막으로 가필과 정정의 퇴고 작업이 뒤따르게 되는 것이다.

이를 정리하면 다음과 같다.

과정		단계
먼저 자신이 쓰고자 하는 핵심적인 생각을 정리하여 주제 설정	…	주제 설정
⇩		
주제의 내용을 전개하거나 뒷받침하는 데 필요한 자료, 즉 제재 수집	…	제재 수집
⇩		
글의 전체적인 짜임새 결정	…	구상 및 개요작성
⇩		
개요에 맞추어 글쓰기	…	집 필
⇩		
집필한 내용에 대해 검토 · 수정	…	퇴 고

주제를 설정하고 나서 바로 자신의 글의 짜임새를 가설적으로 한번 짜 보고, 그것에 따라 필요한 자료를 수집하는 것이 편리할 때가 많다. 예비적으로 개요를 작성해 보는 방법인데, 이처럼 예비 개요 작성 단계가 추가되면 어떤 내용과 성격의 자료가 더 필요하고 부족한지 알 수 있고, 자료 수집을 좀 더 구체적으로 진행할 수 있게 된다. 또한 자료를 모아 정리하다 보면, 기존의 예비 개요를 수정할 필요성이 생기기도 한다. 자료의 수집 · 정리를 통해 필자 자신의 인식의 폭과 깊이가 확대 · 심화되기 때문이다.

●주제 설정

글을 쓰려고 하는 사람이 제일 먼저 해야 할 일은 '무엇을 쓸 것인가' 를 결정하는 것인데, 이 '무엇' 에 해당하는 것이 곧 주제主題다. 글을 쓰려면 반드시 주제가 명확하여야 한다. 주제는 글의 중심적인 내용, 혹은 필자가 말하고자 하는 핵심적인 내용을 뜻한다. 이런 뜻에서 주제를 '중심 사상' 이라고 부르기도 한다.

주제가 명확할수록 글을 잘 쓸 수 있다. 그렇게 하기 위해서는 주제를 한정할 필요가 있다. 막연한 주제를 명확한 주제로 좁혀 구체화해야 하는데, 그러한 막연한 주제를 가주제라 하고, 한정된 명확한 주제를 참주제라 하여 구분한다.

크고 불명확한 가주제를 구체적인 문제로 한정하여 참주제로 만들지 않고서는 생생하게 표현할 수 없다. 예를 들어, '우리 나라의 산' 에 대해 글을 쓴다고 하자. 그러나 이것만으로는 너무 막연하고 광범위하다. '우리 나라의 산' 에 관한 여러 생각들 가운데 '우리 나라 산의 인상적 자태' 와 같이 좀더 구체적인 내용으로 한정하면 참주제라고 할 수 있다.

그러나 가주제 또는 참주제는 정도의 문제여서 이들을 구분하는 명확한 기준이 있을 수는 없다. '우리 나라 산의 인상적 자태' 와 같은 내용도 경우에 따라서는 가주제의 수준에서 벗어날 수 없는 것이다. 따라서 그것과 관련하여 자신이 말하고자 하는 핵심적 내용을 하나의 문장으로 구체화하는 것이 필요하다. 이를테면 '우리 나라의 산은 각각 뚜렷한 개성을 품고 있다' 는 식으로 하나의 문장으로 나타내는 것이다. 이것이 곧 주제문인데, 주제문은 참주제를 서술한 문장이라 할 수 있다. 주제문을 써 봄으로써 필자는 분명한 방향을 가지고 글을 잘 쓸 수 있게 된다.

가주제	→	참주제	→	주제문
(막연한 주제)		(구체적으로 한정된 주제)		(참주제를 서술한 문장)

●제재 수집

제재題材는 주제를 드러내기 위한 재료, 즉 이야기를 말한다. 주제가 글의 중심 사상이라면 제재는 글의 소재, 즉 글감인 것이다. '사랑' 에 대해 글을 쓸 때, 이 주제를 구체화하기 위해 등장하는 청춘 남녀의 이야기라든가, 감동적인 어떤 사건, 지난 시절의 추억 같은 것들이 바로 제재이다.

좋은 글을 쓰기 위한 제재 수집은 다음과 같이 이루어져야 한다.

- 풍부하고 다양할 것 : 제재가 빈약하면 설득력이 약해진다.
- 확실할 것 : 확실치 않거나 잘못된 내용은 결정적으로 신뢰도를 떨어뜨린다.

• 관심거리일 것 : 주변에서 흔히 접할 수 있으면서도 새삼스럽게 느낄 수 있는 흥미로운 글감이어야 읽는 이의 관심을 끌 수 있다. 진부한 내용은 역효과를 일으킬 뿐이다.

• 주제를 뒷받침할 것 : 아무리 멋진 글감이라도 주제와 거리가 있는 것은 제외한다. 글의 내용을 다른 방향으로 이끎으로써 일관성을 해치기 때문이다.

제재를 수집하기 위한 방법으로 브레인스토밍brainstorming을 활용할 수 있다. 머릿속에 한바탕 폭풍이 일어나듯 관련 정보들을 휘저어 아이디어를 만들어내는 방법이다. 아울러 평소 다양한 관심을 가지고 꼼꼼히 메모하는 습관을 길들이는 것도 중요하다.

과제 1. [3. 작품 읽기–과제 1]의 제시문에서 주제문을 작성하고, 주제의 내용을 전개하거나 뒷받침하는 데에 사용된 제재가 무엇인지 파악해 보시오.

과제2. 『이기적 유전자』의 내용에 기반하여, 다음 문장을 주제문으로 하여 제재를 수집하여 말해 보시오.

(1) 인간의 뇌는 유전자의 독재에 반항할 수 있다.

(2) 개체는 이기적 기계이다.

| 토론과 글쓰기 |

과제 1. 『이기적 유전자』에 나타난 '불멸의 존재, 유전자'에 대한 관점을 설명하고, 이에 대한 자신의 견해를 정리하여 토론해 보시오. 토론한 결과를 바탕으로 주제문을 작성하고 제재를 수집해 보시오.

과제 2. 아래 제시문은 '유전자의 이기성'에 대해 서술한 부분이다. 여기에서 드러난 '유전자의 이기성'으로 설명할 수 있는 생물의 행동에는 무엇이 있는지 정리하고, 이를 통해 설명하기 어려울 듯한 생물의 행동은 어떻게 이해할 수 있을지 자신의 생각을 정리하여 토론해 보시오. 토론한 결과를 바탕으로 주제문을 설정하고 제재를 수집해 보시오.

이기적인 새끼

많은 새끼 새는 둥지 속에서 부모로부터 먹이를 공급받는다. 새끼들이 큰 입을 벌리고 울어대면 어미새는 그들 중 한 마리의 입 속에 벌레나 또는 한입 거리의 먹이를 넣어 준다. 개개의 새끼가 질러 대는 소리의 크기는 그 새끼의 공복의 정도에 비례할 것이다. 그 결과 가장 큰 소리를 내는 새끼에게만 항상 먹이를 준다면 새끼들은 모두 공정한 분배를 받을 것이다. 왜냐하면 실컷 먹이를 먹은 새끼는 그다지 소리칠 필요가 없기 때문이다. 개체가 속이지만 않으면 적어도 생각할 수 있는 가장 이상적인 상태에서는 그와 같은 일이 발생할 것이다.

그러나 유전자의 이기성이라는 관점에서 보면 개체는 속이려 할 것이고 새끼들은 공복 상태에 관해 거짓 행위를 할 것으로 예상할 수 있다. 하지만 이 사기 행위는 점점 심해져서 분명히 무의미한 것에 이르고 말 것이다. 즉 모든 새끼가 매우 큰 소리를 질러가며 속이려 할 것이고, 결과적으로 이젠 이 큰 소리가 표준이 되어 소리만으로는 더 이상 거짓이 통하지 않을 것이다. 그러나 소리가 줄어들 가능성은 없다. 소리를 작게 하는 방향으로 진행을 시작한 개체는 급식량의 감소라는 형태로 즉시 불리하게 되어 굶어 죽을 가능성이 크기 때문이다. 새끼의 소리가 한없이 커질 수만은 없는 다른 이유가 있다. 이를테면 큰 소리는 포식자를 끌어들이기 쉽고, 또 에너지 소모도 크다.

열등한 새끼

이미 말했듯이 한배 자식 중 한 마리가 특히 작은 경우가 있다. 대개 이런 새끼는 다른 형제들처럼 힘차게 먹이를 다투지 못하고 죽어 버리는 경우가 많다. 우리는 지금까지 어떤 조건들 아래에서 이와 같은 새끼는 죽게 놔두는 것이 어미에게 실제로 이익이 되는가를 고찰하였다. 우리는 직관적으로, 제대로 자라지 못한 새끼 자신은 최후까지 살려는 노력을 계속한다고 가정할지 모른다. 그러나 이기적 유전자론에 비추어 볼 때 반드시 이와 같을 것이라고 예측할 수 없다. 제대로 자라지 못한 작은 새끼의 여명은 소형화, 쇠약화로 짧아져서 부모의 투자나 그에게 주는 이익이 같은 양의 투자에 의해 다른 아이들이 획득할 수 있는 이익의 1/2 이하로 되면 그는 스스로 기꺼이 명예로운 죽음을 선택해야 할 것이다. 이처럼 하는 것이 자기의 유전자에게 가장 크게 공헌할 수 있기 때문이다.

다시 말해서 "몸아, 만일 네가 다른 한배 자식 형제보다 훨씬 작았다면 바둥거릴 것 없이 죽어라."라는 지령을 내리는 유전자가 유전자 풀 속에서 성공할 수 있다는 것이다. 그의 죽음에 의해 구조되는 개개의 형제자매의 몸에는 그의 유전자가 50%의 확률로 들어 있고, 한편 제대로 자라지 못한 그의 체내에서 그 유전자가 살아남을 가능성은 어쨌든 극히 작다는 것이 그 이유이다. 제대로 자라지 못한 아이의 생애에는 회복이 불가능하게 되는 시점이 분명히 있다. 이 시점에 이르지 않는 한 그는 살려는 노력을 계속해야 한다. 그러나 그 시점에 달하면 그는 즉시 노력을 포기하지 않으면 안 된다. 그리고 자기의 몸을 한배의 형제나 부모에게 먹히고 마는 편이 더 낫다.

랙의 한 둥지의 알 수 이론을 논할 때에는 언급하지 않았는데, 그 해의 한 둥지의 최적 알 수가 몇 개인지 미리 정하지 못한 어미에게는 다음과 같은 전략이 타당한 전략이 된다. 즉 어미가 진짜 알맞은 수이겠지 하고 '생각하는' 알 수보다 1개만 더 여분으로 산란하는 것이다. 이렇게 할 경우, 만일 그 해의 먹이가 예상보다 좋은 것을 알게 되면 어미는 여분의 새끼를 키울 수 있을 것이다. 반대로 먹이가 예상보다 적으면 손실을 줄일 수 있다. 새끼에게 먹이를 항상 같은 순서, 이를테면 크기 순서대로 나누어 준다면, 어미는 나머지 한 마리, 아마도 발육이 미숙한 새끼를 빨리 죽게 하여 그를 위한 난황 또는 이에 상당하는 초기 투자를 초과하여 과잉 음식물을 크게 낭비하는 것을 피할 수 있다. 이것은 어미의 관점에서 본 발육 미숙아 출현 현상의 설명일지 모른다. 이때의 미숙아는 어미가 짜 놓은 도박의 손실 회피 수단이 되는 것이다. 이 현상은 많은 조류에서 관찰되고 있다.

— 리처드 도킨스 지음, 홍영남 옮김, 『이기적 유전자』, 을유문화사, 237~239쪽

《 함께 읽기 좋은 자료 》

리처드 도킨스,『확장된 표현형』

에르빈 슈뢰딩거,『생명이란 무엇인가 정신과 물질』

로얼드 호프만,『같기도 하고 아니 같기도 하고』

장대익,『다윈의 식탁』

3 『엔트로피』를 읽고 쓰다

| 학습 목표 |

- 『엔트로피』를 읽고 지속 가능한 인류 발전을 위한 세계관이 무엇인지 생각해 보고, 현대 사회가 안고 있는 어려움을 극복하고 행복한 미래를 설계할 수 있는 방안이 무엇인지 생각해 본다.
- 책에 대한 이해를 바탕으로 다양한 쟁점들에 대한 발표와 토론을 수행한다.
- 글쓰기의 기초(구상, 개요)를 익힌다.

| 해제와 저자 소개 |

●해제

우리가 살고 있는 세상은 점점 더 복잡해지고 어수선해지며, 그 변화를 다시 되돌리기는 너무도 힘들게 느껴진다. 이러한 현상을 설명하기 위해 '엔트로피 법칙' 이 자주 인용된다. 엔트로피 법칙은 자연현상에는 일정한 방향성이 있다는 경험적 사실에서 출발하였으며, "우주의 엔트로피는 항상 증가한다" 는 것이다.

흔히 '무질서도' 로 해석되는 엔트로피는 사람들의 지적 호기심을 자극하는 묘한 매력이 있는 것 같다. 클로드 섀넌은 '정보 엔트로피' 의 개념을 만들어 냈으며, 그 외에도 생물학, 경제학, 사회학, 정치학, 그리고 예술에 이르기까지 엔트로피의 개념과 법칙이 다양한 모습으로 인용되고 있다. 하지만 엔트로피가 원래의 엄격한 과학적 정의에서 벗어나 좀 더 폭넓게 적용될 때, 새로운 관점을 제공하는 유용함과 함께 부적절한 해석을 통한 개념의 혼란과 부작용의 위험도 커지는 것을 경계해야 할 것이다.

'엔트로피' 는 사회비평가인 제러미 리프킨이 엔트로피 법칙의 개념을 원용하여 현대 물질문명을 비판한 저서이다. 리프킨은 엔트로피 법칙을 유용한 에너지가 감소하고 '사용 불가능한 에너지' 가 증가하는 것으로 이해한다. 우리가 변화를 위하여 에너지와 물질을 계속 사용하게 되면, 궁극적으로는 에너지를 더 이상 사용할 수 없게 되는 '열 종말' 과 사용할 물질이 더 이상 존재하지 않는 '물질 혼돈' 에 이르게 될 것이라고 천명한다.

기계론적인 세계관과 그 결과로 나타나는 물질만능주의와 과학만능주의는 더 이상 설 땅이 없다고 역설한다. 현재 우리는 산업 시대를 통하여 고에너지 사회를 지속해 온 결과로 화석연료의 고갈과 환경오염으로 인한 고엔트로피의 거대한 분수령에 이르게 되었다는 것이 저자의 결론이다. 이제 막다른 기로에 서서 인류의 생존을 위하여 엔트로피에 기초한 새로운 세계관을 받아들일 수밖에 없음을 이야기하고 있다.

리프킨은 다양한 분석과 논리전개의 근거로 엔트로피 법칙을 내세우고 있으나, 때로는 지나치게 자의적인 확대 해석으로 흐른 점이 아쉽다고 하겠다. 엔트로피 법칙이 제시하는 자연변화의 궁극적인 종착점에 대해서도 논란의 여지는 있다. 모든 유용한 에너지와 물질이 고갈된 무질서한 종말에 이르게 될 것인가, 아니면 일리야 프리고진 등의 주장처럼 혼돈으로부터 새로운 질서가 저절로 만들어질 수 있는 것인가 하는 것은 아직도 해결되지 않은 문제이다.

연일 급등하는 원유가를 걱정하며 급속한 자원의 고갈, 폭발적인 인구의 증가와 식량의 부족, 환경오염과 생태계 파괴 등 우리를 둘러싼 문제를 다시금 생각하게 된다. 산업화 사회에서 정보화 사회로 이행되는 변화의 시대에 무언가 혼란스럽고 방향을 잡는 데 어려움을 느낀다면, 리프킨의 경고와 그 의미를 나름대로 음미해 보는 것도 도움이 될 것이다.

'엔트로피' 는 우리에게 많은 질문을 던지며 생각해보아야 할 여러 가지 화두를 제시하고 있다. 지속가능한 인류발전을 위한 세계관은 무엇인가? 많은 사람이 '인간성의 과학', 그리고 '생태주의적' 또는 '유기론적' 패러다임을 강조한다. 저자가 주장하는 엔트로피 사회도 결국 같은 맥락에서 이해될 수 있을 것이다. (신석민, 서울대 화학부 교수)

●저자 소개

제레미 리프킨Jeremy Rifkin(1943년 1월 26일~)은 워싱턴 경제동향 연구재단Foundation on Economic Trends (FOET)의 설립자이자 이사장으로서 미국 및 국제적 공공 정책 수립에 영향을 미쳤다. 콜로라도 주 덴버에서 태어났다.

그는 자연과학과 인문과학을 넘나들며 자본주의 체제 및 인간의 생활방식, 현대 과학기술의 폐해 등을 날카롭게 비판해온 세계적인 행동주의 철학자이다. 전세계 지도층 인사들과 정부 관료들의 자문역을 맡고 있으며 과학 기술의 변화가 경제, 노동, 사회, 환경에 미치는 영향에 대해 활발히 집필 작업을 해왔다. 한국에서는 책《엔트로피》,《종말》시리즈로 널리 알려져 있다.

| 읽고 생각하기 |

독서 노트

읽기 지침

- 엔트로피의 개념을 기타 영역에 확장하여 적용하는 방식에 유의하여 읽는다.
- 인류의 미래에 대한 희망과 절망 속에서 우리가 취할 수 있는 태도가 무엇인지 생각해 본다.
- 엔트로피가 제시하는 세계관과 기존의 세계관은 어떤 차이가 있는지 생각해 본다.
- 저자가 대안으로 제시하는 저低엔트로피 사회로의 전환이 현실적으로 가능한지에 생각해 보고, 이러한 대안 이외의 방안은 없는지에 유의하여 읽는다.
- 저자가 생각을 풀어나가는 방식에 주목하여 구상과 개요가 어떠한지 유의하여 읽는다.

●지도 작성하기

과제 1. 다음 제시문을 읽고 '엔트로피 법칙'과 관련하여 세계관이 변화되는 과정을 지도로 작성해 보시오.

세계관

오랫동안 인간은 자신의 생활을 구성하는 기준이 되는 틀을 만들어야 할 필요성을 느껴왔다. 일상생활에서 마주치는 '어떻게'와 '왜'를 설명할 질서를 확립해야 할 필요성은 모든 사회에서 발견되는 문화형성의 필수요소였던 것이다. 어떤 사회의 세계관에서든 가장 재미있는 것은 이러한 세계관이 자신의 행동방식이나 현실인식방법에 어떻게 영향을 미치고 있는가를 구성원 대부분이 의식하지 못한다는 사실이다. 즉 세계관이란 것은 아무도 거기에 의문을 제기하지 않을 만큼 어릴 적부터 사람들의 마음속에 철저히 내재되어 있는 것이다.

대부분의 미국인들은 지식과 기술이 축적됨에 따라 세계는 더욱 가치있는 방향으로 전진해간다고 믿는다. 우리는 또한 개인은 독립된 완결체로서 존재하며, 자연에는 질서가 있고 과학적 관찰은 객관적이며, 인간은 항상 사유재산을 추구해왔고, 개인간 경쟁은 항상 있어왔다고 믿는다. 사실, 이 모든 것들은 '인간 본성'의 일부이며 따라서 변할 수 없는 것으로 간주되었다. 그러나 이는 사실과 다르다. 다른 사회, 다른 문명 그리고 역사상 다른 시점에 서 있는 사람들은 이러한 특성이 인간의 본성이라는 주장에 동의하지 않을 수도 있다. 이것이 세계관이 가지는 힘이다. 세계관은 우리의 현실인식과정에 강력한 힘을 발휘하고 있기 때문에 우리는 세상을 바라보는 다른 시각도 있음을 전혀 상상하지 못한다.

현대의 세계관이 형성된 것은 약 400년 전의 일이다. 물론 세월이 지나면서 수없이 수정되고 개선되었지만 초기의 골격은 아직도 유지되고 있다. 그러니까 우리는 아직도 17세기 뉴턴의 기계론적 우주관의 영향 아래 살고 있는 것이다. 사실 뉴턴 역학의 복잡한 여러 측면을 제대로 설명할 수 있는 사람은 백에 하나도 안될 것이다. 그러나 뉴턴 역학의 그림자는 우리의 행동 하나하나에 영향을 미치고 있다.

엔트로피 법칙! 이제 새로운 세계관이 떠오르고 있다. 이 세계관은 역사를 구성하는 틀로서의 기계론을 결국 대치하게 될 것이다. 아인슈타인은 엔트로피를 "모든 과학에 있어 제1법칙"이라고 주장했다 아서 에딩턴Arthur Edington 경은 이 법칙이 "전우주를 통틀어 최상의 형이상학적 법칙"이라고 말했다. 엔트로피 법칙은 열역학 제2법칙이다. 제1법칙은 우주 안의 모든 물질과 에너지는 불변하며, 따라서 창조될 수도 없다고 가르친다. 단지 그 형태만 바뀔 뿐이다. 제2법칙(엔트로피 법칙)은 물질과 에너지는 한 방향으로만 변한다고 규정한다. 즉 유용한 상태에서 무용한 상태로, 획득가능한 상태에서 획득불가능한 상태로, 질서있는 상태에서 무질서한 상태로만 변한다는 것이다.

본질적으로 제2법칙이 의미하는 바는 이렇다. 우주 안의 모든 것은 일정한 구조와 가치로 시작해서 무질서한 혼돈과 낭비의 상태로 나아가며, 이 방향을 거꾸로 되돌리는 것은 불가능하다. 엔트로피란 우주 내 어떤 시스템에 존재하는 유용한 에너지가 무용한 형태로 바뀌는 정도를 재는 척도이다. 엔트로피 법칙에 따르면, 지구상이건 우주건 어디서든 질서를 창조하기 위해서는 더 큰 무질서를 만들어내야만 한다.

독자 여러분은 이 사실들을 일단 받아들여야 한다. 적어도 우리가 현대의 세계관을 완전히 해부하고 엔트로피 패러다임의 숨겨진 의미를 완전히 이해하기 전까지는 말이다. 먼저 엔트로피 법칙은 역사가 진보의 과정이라는 가설뿐만 아니라 과학과 기술이 질서있는 세계를 창조할 것이라는 가설을 파괴한다. 로마 카톨릭 교회의 중세 기독교 세계관이 매우 설득력있는 뉴턴의 우주관으로 대치되었듯이 이제 엔트로피 법칙이 당시의 뉴턴 역학만큼이나 강력한 설득력으로 오늘날의 세계관을 뛰어넘는다.

엔트로피 법칙은 특별한 힘을 가지고 있다. 그 힘은 워낙 절대적이어서, 이 법칙을 충분히 이해하기만 하면 인생관이 바뀔 것이다. 이렇게 거의 신비스러울 정도의 매력이 있기 때문에 엔트로피 법칙은 받아들이기조차 두려운 것이다. 그러나 일단 그 법칙을 알게 되면 그 유혹을 뿌리칠 수 있는 사람은 거의 없다. 이 법칙의 마력은 모든 것을 포괄한다는 특징에서 비롯된다. 엔트로피 법칙은 현대 세계를 지배하는 진리를 파괴해버린다. 그 진리들은 한때 우리에게 안전과 질서의 환상을 심어주었다. 그러나 이제 그 진리들은 기괴한 거짓말로 전락했고 우리의 존재를 위협하고 있다. 엔트로피 법칙이야말로 자유를 향한 탈출구이다. 엔트로피 법칙은 너무도 오랫동안 세상을 지배해온 무수한 거짓의 가면을 벗기고 폐기한다. 그것이 엔트로피 법칙이 해야 할 임무이며, 이 과정에서 우리는 해방감이 가져다주는 안도감을 만끽할 수 있다. 동시에 큰 걱정에 휩싸인다. 과연 새로운 엔트로피 패러다임이 어떤 질서를 창출할지를 모르기 때문이다.

— 제레미 리프킨 지음, 이창희 옮김, 『엔트로피』, 세종연구원, 19~22쪽

과제 2. 『엔트로피』를 읽고 다음 표를 작성해 보시오.

고 엔트로피 사회	저 엔트로피 사회

| 구상과 개요 작성 |

●구상

주제를 결정하고 이를 뒷받침할 자료(제재)의 수집과 정리가 끝나면 어떤 순서와 내용으로 글을 엮어 나갈 것인가에 대해 궁리하게 되는데, 이 과정이 곧 구상構想이다.

예를 들어 보자. 우리 나라의 몇몇 유명한 산의 인상적인 자태에 대해, '우리 나라의 산은 각각 뚜렷한 개성을 품고 있다' 는 내용으로 글을 쓰고자 한다면, 대략 다음과 같이 글의 짜임새에 대해 궁리할 것이다.

- 남북한 각각 2개 정도의 산을 대상으로 삼는 것이 좋겠다
- 우리에게 잘 알려진 백두산 금강산 설악산 한라산 등이 좋겠다
- 산을 언급하는 순서는 북쪽에서 남쪽으로 내려간다
- 백두산은 민족의 영산으로 그 장엄한 자태가 웅장한 느낌을 준다
- 나머지 산들도 각각 이러이러하다는 식으로 언급한다
- 첫번째 문단은 도입부로서 금강산 관광을 언급하면서 우리 나라 유명 산들로부터 받는 느낌이 어떤 것인지에 대해 물음을 던지는 형식을 취하는 것이 좋겠다
- 두번째 문단부터 차례대로 네 개의 산에 대해 언급한다

• 마지막인 여섯번째 문단에서는 각각의 산들이 나름대로의 독특한 개성을 가지고 있는 것처럼 보인다는 내용으로 마무리한다

이상과 같은 내용의 궁리가 곧 구상에 해당된다.

좋은 글을 쓰기 위해서는 선택된 제재들을 순리적이고 긴밀하게 연결하되 중요한 것은 강조하여 글의 주제를 잘 드러내도록 배열하여야 한다.

> 좋은 글을 쓰기 위해서는 선택된 제재들을 긴밀하게 연결하되 중요한 것은 강조하여 글의 주제를 잘 드러내도록 배열하여야 한다.

구상의 유형으로는 다음과 같은 것들이 있다.

구상		방법		쓰임
시간적 구 상	…	사건의 시간적 순서에 따라 제재를 배열	…	일기, 기행, 역사, 신문 기사, 르포르타즈 등에 쓰임
공간적 구 상	…	전체의 윤곽을 제시하고, 이어 각 부분들에 대한 설명을 일정한 순서에 따라 배열	…	일정한 공간에 존재하는 것들의 구조를 설명하는 데 쓰임. • 지리적 형세, 생물의 형태 • 기계의 구조 • 기관/ 단체의 기구 · 조직
논리적 구 상	…	논리적으로 배열, 예를들면 원인에서 결과로 배열하거나 결과에서 원인으로 배열	…	'도입－전개－정리' 나 '서론－본론－결론' 과 같은 구성을 취하는 것이 보통

종합적 구 상	…	글의 핵심 또는 필자의 주장을 먼저 제시하거나, 독자에게 긴장감을 점차 고조시켜 마지막에 이르러 큰 감명을 받을 수 있도록 배열	…	• 두괄식 구상 • 미괄식 구상 • 쌍괄식 구상

●**개요 작성**

구상이 다 되었다고 하여 바로 글을 쓸 수 있는 것은 아니다. 글을 많이 써 본 사람이 적은 분량의 글을 쓰고자 하는 경우에는, 머리 속에서 궁리한 내용을 토대로 바로 집필에 들어갈 수도 있다. 그러나 대부분의 경우 그것은 어려운 일이다. 처음에 구상하였던 것을 잊어버려 글이 중간에서 막힌다거나, 순간적으로 떠오르는 생각에 의해 글의 방향이 바뀌어 일관성을 잃게 되는 경우가 생길 수 있다. 이러한 실수를 막기 위해서는 구상의 내용을 도식화하여 글의 전체 구조를 한 눈에 볼 수 있도록 정리해 둘 필요가 있다. 글의 주제를 정점으로 하여 각각의 하위 내용들이 어떠한 짜임새로 형성되어야 할 것인가를 보여 주는 설계도를 작성하는 것이다. 이것이 바로 개요 또는 아우트라인outline이다.

개요 작성은 글을 쓰기 위한 설계도를 만드는 것!!

개요의 각 항목은 명사구 형식으로 할 수도 있고 혹은 문장 형식으로 쓸 수도 있다. 앞의 경우를 화제 개요라 하며, 후자를 문장 개요라 한다. 앞에서 제시한 구상의 내용을 두 가지 개요로 만들면 다음과 같다.

[개요의 예①] : 화제 개요

제 목 : 우리 나라 유명 산들의 인상적 특징

주제문 : 우리 나라의 유명 산들은 각각 개성이 뚜렷하다

1. 도입부
2. 백두산의 웅장함
3. 금강산의 화려함
4. 설악산의 섬세함
5. 한라산의 수수함
6. 마무리

[개요의 예②] : 문장 개요

제　목 : 우리 나라 유명 산들의 인상적 특징

주제문 : 우리 나라의 유명 산들은 각각 개성이 뚜렷하다

1. 도입부 : 우리 나라의 유명한 산들은 어떤 느낌으로 다가오는가?
2. 백두산은 웅장한 느낌을 준다
3. 금강산은 화려한 느낌을 준다
4. 설악산은 섬세한 느낌을 준다
5. 한라산은 수수한 느낌을 준다
6. 마무리 : 우리 나라의 유명 산들은 각각 개성이 뚜렷하다.

화제 개요는 글의 짜임새를 간명하게 제시하는 장점이 있고 문장 개요는 내용을 구체적으로 제시하는 장점이 있다.

앞에서 개요 작성을 설계도를 만드는 것에 비유한 바 있다. 설계도가 잘 만들어져 있어야 좋은 건축이 가능하듯이, 개요가 체계적으로 잘 작성되어야 좋은 글이 탄생될 수 있음은 자명하다. 그렇다면 체계적인 개요를 작성하기 위해선 어떻게 하여야 할까?

개요는 일정한 층위를 두고 짜야 한다. 서로 대등한 성격의 내용들은 동일한 층위로 다뤄야 하며, 대등하지 않은 내용은 층위를 달리하여야 한다. 영남대학교에 개설되어 있는 전공 영역을 소개하는 글을 쓴다고 가정하고 개요를 짜 보자.

[개요의 예③]

제　목 : 영남대학교 전공 영역의 종류

주제문 : 영남대학교에는 다양한 전공 영역이 설치되어 있다.

1. 도입부
2. 건설시스템공학
3. 기계공학
4. 도시공학
5. 디스플레이화학공학
6. 산림자원학
7. 식품자원경제학
8. 식품학
9. 신소재공학
10. 원예학
11. 응용미생물학
12. 전기공학
13. 전자공학
14. 정보통신공학
15. 조경학
16. 컴퓨터공학
17. 환경공학
18. 마무리

위의 짜임새는 여러 전공을 나열하고 있을 뿐, 각 전공 영역 사이의 유기적인 관계를 잘 보여 주지 못하고 있다. 동일한 부류로 묶일 수 있는 것들은 묶어서 짜면 훨씬 체계적인 개요가 된다.

다음은 위의 예를 수정한 것이다.

[개요의 예④]

제 목 : 영남대학교 전공 영역의 종류

주제문 : 영남대학교에는 다양한 전공 영역이 설치되어 있다.

1. 도입부
2. 공과대학
    1) 건설시스템공학
    2) 기계공학
        (1) 기계시스템
        (2) 기계설계
        (3) 첨단기계
    3) 도시공학
    4) 디스플레이화학공학
    5) 신소재공학
    6) 전기공학
    7) 전자공학
    8) 정보통신공학
    9) 컴퓨터공학
    10) 환경공학
3. 자연자원대학
    1) 산림자원학
    2) 식품자원경제학
    3) 식품학
        (1) 식품공학
        (2) 외식산업화
    4) 원예학
    5) 응용미생물학
    6) 조경학
4. 마무리

개요는 반드시 층위를 두고 짠다!!

앞에서 언급한 바 있듯이 개요는 제재의 정리와 구상이 다 끝난 다음에 작성하는 것보다는 그러한 작업과 병행하는 것이 더 효과적일 수 있다. 제재를 정리하고 구상을 해 나가는 데에도 가설적인 개요(예비적 개요)가 있으면 도움이 된다. 개요 작성을 제재의 정리 및 구상과 병행함으로써 해당 주제에 대한 인식의 폭과 깊이를 확대하고, 좀더 구체적이고 체계적인 개요를 작성할 수 있게 된다.

예를 들어 '교사는 노동자이다' 와 같은 주제문을 가지고 글을 쓴다면, 일단 '노동자' 라는 용어가 어떠한 사람들을 가리키는 것인지를 따져 보아야 할 것이며, 이를 바탕으로 '교사' 의 직업적 특성이 어떠한 점에서 노동자인지 설명하여야 할 것이므로, ① 노동자의 의미 ② 교사의 직업적 특성 등을 개요의 항목으로 상정할 수 있다. 도입부와 마무리 부분을 보충하여 간략한 개요를 만들면 다음과 같다.

[개요의 예⑤] [1차 개요]

제　목 : 교사와 노동자

주제문 : 교사는 노동자이다.

1. 도입부
2. 노동자의 의미
3. 교사의 직업적 특성
4. 마무리

그런데 노동자에 대해 우리가 전통적으로 그리고 관념적으로 생각하는 의미와 법률적인 의미가 다를 수 있을 것이므로, '노동자의 의미' 항목을 두 가지로 세분할 수 있다. 또한 교사가 하는 일을 정신 노동으로 볼 수도 있고 육체 노동으로 볼 수도 있으므로, '교사의 직업적 특성' 항목도 다시 세분할 수 있다. 이를 보충하여 정리하면 다음과 같은 내용의 좀더 세부적인 개요를 만들 수 있을 것이다.

[개요의 예⑥] [2차 개요]

제　목 : 교사와 노동자

주제문 : 교사는 노동자이다.

1. 도입부
2. 노동자의 의미
    1) 전통적인 관념적 의미
    2) 법률적 의미
3. 교사의 직업적 특성
    1) 교직의 육체 노동적 특성
    2) 교직의 정신 노동적 특성
4. 마무리

이상과 같은 새로운 개요를 염두에 두고 추가적인 자료를 찾고 재정리해 나가다 보면, 더 세부적이고 구체적인 수준의 개요를 작성할 수 있게 된다. 즉 앞에서 세분된 항목을 다시 나눌 수도 있는데, 예를 들면 다음과 같다.

[개요의 예⑦] [3차 개요]

제　목 : 교사와 노동자

주제문 : 교사는 노동자이다.

1. 도입부
2. 노동자의 의미
    1) 전통적인 관념적 의미
        (1) 근대 이전의 의미
        (2) 근대 이후의 의미
    2) 법률적 의미
        (1) 선진 외국의 경우
        (2) 우리 나라의 경우
3. 교사의 직업적 특성

1) 교직의 육체 노동적 특성

(1) 육체 노동적 피로감의 일반적 증상

(2) 교사들이 호소하는 신체적 피로감

2) 교직의 정신 노동적 특성

(1) 정신 노동적 피로감의 일반적 증상

(2) 교사들이 호소하는 심리적 피로감

4. 마무리

앞의 두 개요를 예비 개요라고 한다면, 3차 개요는 본개요가 될 것이다. 물론 이 3차 개요도, 자료 수집이나 집필의 과정에서, 다시 수정될 수 있으므로 예비 개요적 성격도 아울러 가지고 있다.

개요는 상세할수록 좋다. 각 문단의 핵심내용 즉 소주제가 개요에 모두 포함되도록 하면 글을 집필하기가 더욱 쉬워질 것이다.

과제 1. [3. 작품 읽기-과제 1]의 제시문을 대상으로 하여 개요를 작성하고 구상의 방식이 어떠한지 파악해 보시오.

과제2. 『엔트로피』의 내용에 기반하여, 다음 부분의 개요를 작성하고 구상의 방식이 어떠한지 파악해 보시오.

(1) 최후의 에너지 분수령(100쪽~110쪽)

(2) 절망에서 희망으로(325쪽~335쪽)

| 토론과 글쓰기 |

과제 1. 『엔트로피』에 나타난 '태양 에너지 시대에 대한 기대와 회의'가 무엇인지 설명하고, 이에 대한 자신의 견해를 정리하여 토론해 보시오. 토론한 결과를 바탕으로 한 편의 글을 구상하고 개요를 작성해 보시오.

과제 2. 아래 제시문에서 밑줄 친 "낙관주의자, 실용주의자, 향락주의자"의 대응 방식은 공통점과 차이점이 무엇인지 파악해 보고, 저자가 강조하는 인간의 자발적인 절제와 검박이 파멸을 막을 수 있는 유일한 대안인지에 대한 자신의 생각을 정리하여 토론해 보시오. 토론한 결과를 바탕으로 한 편의 글을 구상하고 개요를 작성해 보시오.

엔트로피 위기

엔트로피 법칙을 벗어날 길은 없다. 우주를 지배하는 이 물리법칙은 우리 존재의 모든 측면으로 파고든다. 모든 것은 에너지이고 에너지는 유용한 상태에서 무용한 상태를 향해 한 방향으로만 움직이기 때문에 엔트로피 법칙은 모든 인간행위를 규정하는 틀이 된다. 앞에서도 본 것처럼 엔트로피적 세계관은 환경, 문화 그리고 생물학적 생존 그 자체에 관해 우리가 가장 소중히 여기고 당연한 것으로 받아들이는 가설에 도전장을 던진다. 거대도시, 기계화 영농, 대량생산 및 소비, 무기, 교육, 의료기술 등 현대문화가 만들어낸 모든 함정이 근본적으로 새로운 빛 속에 뚜렷이 드러난다. 엔트로피 법칙은 경제의 기본 방향을 바꾸어놓는다. 이것은 또한 시간과 문화의 개념을 바꿔놓으며 기술의 신화를 깨뜨려버린다.

열역학 제2법칙이 내포하는 엄청난 사회 · 경제적 의미를 이해하기 시작하면 기존의 세계관은 세상이 실제로 움직이는 것과는 전혀 관련이 없음을 알게 된다. 일, 오락, 소비, 생각 등의 일상생활은 그 기반을 잃게 된다. 우리는 이상한 곳에서 있는 외래인일 뿐이다. 분명하고 굳건한 진실이었던 것이 『이상한 나라의 앨리스』에 나오는 거울 속 세계만큼이나 비현실적인 것이 되어버렸다.

그러나 세계와 우리의 삶에 제시된 새로운 방향에 대해 우리는 저항한다. 엔트로피적 세계관에서 흘러나오는 지혜에 매혹되면서도 우리는 그 심오한 의미를 거의 짐작조차 할 수 없는 이 새로운 세계관에 굴복하지 않으려고 발버둥친다. 이것은 당연하다. 왜냐하면 우리의 존재를 지배하는 안전하고도 친숙한 신화를 포기할 것을 요구받고 있기 때문이다. 물론 많은 사람들에게 있어 기존의 신화는 이미 매력을 잃었다. 수백만 명의 미국인들은 자발적으로, 또는 필요에 쫓겨 저엔트로피 철학과 생활방식을 부분적으로 받아들이고 있다. '어떤 대가를 치르더라도 물질적 진보를 이룩해야 한다'거나 '더 큰 것이 더 좋은 것이다'라는 식의 고엔트로피 개념은 이제 옛날처럼 수많은 현대 산업국가의 시민들을 자기 편으로 끌어들이지 못한다. 뉴턴적 세계관으로부터 '버림받은 자식들'은 당연히 엔트로피 세계관이 가져오는 해방을 환영할 것이다.

동시에 많은 사람들은 새로운 시대를 거부하며 무너져가는 과거에 매달려 몸부림칠 것이다. 생전 처음 겪어보는 새로운 철학적 틀로 인해 이들은 여기서 빠져나가게 해줄 어떤 수단을 찾아 헤맬 것이다. 탈출구는 항상 있고 어떤 힘도 인간이 자연을 조작하는 능력을 능가하지 못한다는 생각에 젖어 있기 때문이다. 한계란 없으며 겁먹고 어리석은 자들만이 한계에 굴복하는 것이라고 우리는 배워왔다. 그러나 무슨 짓을 해도 탈출구는 없다.

어떤 면에서 우리는 중력을 믿지 않는 사람과도 비슷하다. 중력이 존재하지 않는다는 것을 증명하기 위해, 아니면 중력을 극복할 능력이 있다는 것을 증명하기 위해 이 사람은 마천루의 꼭대기에서 뛰어내린다. 중력은 이 사람의 생각에 대해서는 전혀 관심이 없다. 따라서 이 사람을 무자비하게 땅바닥으로 끌어내려서 정신이 번쩍 나게 해준다. 지푸라기라도 잡으려고 허우적대면서 그는 40층 정도를 지나갈 때 "아직은 괜찮아"라고 외친다.

중력을 부정하는 삶처럼 엔트로피 법칙의 결말을 부인하는 우리도 최후의 따끔한 맛을 보고 파멸할 것이다. 그리고 말할 것도 없이 파멸을 향해가면서 우리 역시 "아직은 괜찮아"라고 외칠 것이다. 고엔트로피 문화로 인해 우리 주변의 세계관을 벗어버리지 못하는 사람은 대략 세 가지 유형의 반응을 보인다.

첫째, '낙관주의자'들이 있다. 몇 발자국만 더 가서 모퉁이를 돌아서면 갑자기 어떤 기술적인 해결책이 나타나 우리의 생활방식을 계속 유지하게 해줄 것이라는 희망에 매달리는 사람들이다. 이들의 희망은 현대사회의 가치와 진보가 주는 이익에 뿌리를 두고 있으며 "길은 항상 있다"라는 표어 아래 뭉쳐 있다. 이들은 "진보를 막을 수는 없다", "세계는 미국의 생활수준을 부러워한다" 등의 슬로건을 외칠 것이다. 이들은 이 낡아빠진 생각들을 "물리적 부가 많을수록 더 잘사는 사회이다" 라는 가설과 연결하여 지구의 한계를 거부하기 위해 무슨 짓이든 할 것이다.

낙관주의자들은 재생가능한 에너지원을 착취하는 새로운 방법을 찾는 데 노력을 기울일 것이다. 재생불가능한 에너지원에서 재생가능한 에너지원으로 에너지 기반이 옮겨간다는 데는 의문의 여지가 없지만 어떤 에너지 변환자와 에너지 흐름방식이 등장할지는 아직 알 수 없다. 기술적 낙관주의자들은 지구 생태계의 자연스런 리듬 및 과정과 더욱 조화를 이루는 저엔트로피 흐름으로 돌아가야 한다는 생각을 거부한다. 오히려 이들은 유전공학에 희망을 건다. 이들은 유전공학 덕분에 생물학적 진화의 속도가 빨라지고 따라서 더 높은 물질과 에너지의 흐름이 보장될 것이라고 주장한다. 그러니까 기계화 영농에 필요한 화학비료가 없어지면 유전공학을 활용하여 공중질소를 직접 고정할 능력이 잇는 식물을 창조하게 되고, 석유가 없어지면 유전공학으로 미생물을 대량생산하여 고갈된 재생불가능한 자원을 대체하면 되는 것이다.

— 중략 —

낙관주의자들이 극찬해 마지않던 고에너지 문화 속에서 엔트로피가 여러 가지 형태로 급증함에 따라 다가오는 혼란을 막기 위해 엄격한 질서를 유지할 필요가 생길 것이다. 기존의 세계관을 철저하게 신봉하는 낙관주의자들은 더욱 억압적이고 비인간적이 되어가는 행정관행과 기술을 계속 용납할 수밖에 없다. 예를 들어 수백만 명이 몰려 사는 고엔트로피 대도시는 더 이상 유지될 수 없다는 사실을 인정하지 못하는 이들은 사회질서를 유지하기 위해 경찰국가식 압제가 가해지는 것도 지지할 것이다. 이미 감시용 TV 카메라가 거리에 등장했고 인공위성이 외계로부터 우리를 훔쳐보고 있으며, 범죄자들에게는 전기충격을 주어 정신을 무력화시켜 버린다. 마찬가지로 세계 최대의 에너지 소비국이라는 미국의 지위를 유지하기 위해 낙관의자들은 무너져 내리는 제국을 지탱할 거액의 국방비 지출과 무기개발을 부추길 것이다.

이 모든 것이 실패로 돌아갈 것임은 뻔하다. 고에너지 기술로 질서를 강제하려는 시도는 어떤 것이든 결국 혼돈만을 가속시킬 뿐이다. 새로운 재생가능 에너지를 만들고, 질병을 고치고, 지능을 높이기 위해 유전자를 조작하겠지만 그 과정에서 수십억 년간 축적되어온 진화의 지혜는 돌이킬 수 없이 파괴될 것이다. 심해지는 사회적 무질서(예를 들어 범죄)를 해결하기 위해 고에너지 감시기구나 무기체계를 도입하려는 사회의 다른 부분에서 소중한 에너지를 끌어 써야 하고 그것은 결국 새로운 억압과 반사회적 행위를 낳을 뿐이다. 낙관주의자들은 질서를 유지하려는 과대망상적 싸움에서 결코 이기지 못한다. 이들은 스스로를 파멸시키고 나아가 온 인류를 파멸로 끌어들일 것이다.

엔트로피 법칙에 대한 두 번째 유형의 반응은 "실용주의"라고 부를 만하다. 이들은 낙관주의자들보다는 기계론적 세계관에 덜 매달리고 그 계획도 낙관주의자들처럼 웅대하지는 않다. 실용주의자들은 기존의 구조를 약간 수정하여 엔트로피적 세계관의 의미를 일부나마 반영하려고 할 것이다. 그러나 실용주의자들은 본질적으로 세계관의 시야가 한정되어 있다. 이들은 엔트로피 패러다임의 일부는 이해할지 몰라도 전체 그림은 놓칠 것이다. 그리고 이들은 기존 시스템에 있는 결함들을 기꺼이 시인하겠지만 세상은 원래 그런 것이라고 곧 덧붙여 말할 것이다. 뉴욕은 하루아침에 사라지지 않을 것이고, 기계화 영농과 식품가공을 하지 않으면 도시를 지탱할 수 없다. 미국인들은 자동차와의 애정행각을 결코 그만두지 않을 것이다. 실용주의자들은 스스로 현실적이 되기를 바랄 것이다.

물론 실용주의자로서 이들은 개선의 여지가 많다는 것도 부인하지 않는다. "적은 것에서 더 많은 것을 얻자"가 그들의 모토이다. 기존의 고에너지 구조를 약간 수정하는 것이 이들의 필생의 과업이다. 도시계획입안자들은 에너지를 적게 소비하는 수송수단, 단열이 잘된 건물, 에너지 소비억제를 권장하는 지역사회 자문위원회 등을 만들어내느라 부산을 떨 것이다. 자동차 회사들은 같은 양의 휘발유로 좀 더 멀리 갈 수 있는 자동차, 액체연료나 전기로 가는 자동차를 선보일 것이다. 정치가들은 "기대수준을 낮추자" 또는 "전세계적 현실주의" 등을 내세우며 떠들어댈 것이다. 그러나 이들은 사회 전체적 구조는 전혀 바꾸지 않을 것이다.

기존의 가장 강력한 권력 구조도 엉성하게나마 엔트로피적 사고에 조직의 원리를 맞추는 일에 골몰하고 있다. 예를 들어 1979년 8월에 연방에너지부는 열역학 제2법칙에 대한 3일간의 학술회의를 후원했다. 이 회의에서 발표된 논문 중에는 "촉매변환에서의 에너지 효율에 관한 열역학적 분석", "열역학 제2법칙에 따른 화학반응 과정에서의 생성물 감소", "열역학 제2법칙에 입각한 연소과정의 분류"

처럼 거창한 제목이 달려 있는 것들도 있었다.

실용주의자들은 "엔트로피가 계속 증가하는 상황에서, 어느 정도의 증가속도가 적합한가?" 라는 주제를 놓고 열띤 토론을 벌일 것이다. 이들은 계량화하려고 하는 것이며, 기존의 시스템을 가장 좁은 의미에서 최고로 '효율화' 하려는 것이다. 그러므로 이들의 마음속에서 세계관은 비용 대 수익을 측정하는 수단으로 전락할 것이다. 엔트로피 법칙의 현실을 이해하지 못하는 실용주의자들은 핵심을 완전히 놓칠 것이다. "어느 정도까지만 죄를 지으면 천당에 갈 수 있는가?"라고 묻는 기독교도처럼, 실용주의자들은 엔트로피라는 개념의 일부분을 활용하는 데는 뛰어나지만 엔트로피 법칙의 가장 중요한 부분은 결코 파악하지 못한다.

그렇다고 해서 열역학적 시스템 분석의 가치를 완전히 부인하려는 것은 아니다. 그러나 이러한 분석이 실제로 어떤 의미를 갖는 지점에 도달하기 전에 먼저 엔트로피 법칙이 말하고자 하는 바를 알 필요가 있다. 엔트로피 법칙은 가능한 한 오래도록 모든 생명의 활동을 유지해야 한다고 가르친다. 엔트로피 경제는 필요에 의한 것이지 사치품이 아니다. 이것을 이해하고 나면 열역학의 개념을 선택적으로 활용하여 저엔트로피 사회를 만드는 데 도움을 줄 수 있는 기반을 마련할 수 있다.

예를 들어 열역학적 실용주의자(기존의 시스템을 약간 수정하고, 적은 것에서 더 많은 것을 얻자고 주장하는)가 문제를 해결하는 방법과 엔트로피 법칙의 중요성을 100% 이해한 사람이 같은 문제에 접근하는 방법을 비교해보라. 자동차를 보면서 실용주의자는 이런 의문을 가질 것이다. "어떻게 하면 제2법칙을 이용해 엔진을 다시 설계해서 더 많은 일을 하게 할 것인가?", "열역학적으로 가장 좋은 차체의 모습은 어떤 것 인가?" 엔트로피적 세계관을 완전히 이해한 사람은 근본적으로 다른 의문을 가질 것이다. "자동차는 인간의 생존을 위해 정말로 필요한가?", "자동차는 우리의 복지, 건강, 문화를 증진시켜주는가?". "오늘날 자동차가 존재한다는 사실 때문에 우리의 후손들이 삶을 유지하는데 필요한 능력을 박탈당하지 않을까?"

후자는 세부적인 고려전에 종합적인 의문을 먼저 품는다. 당초에 어떤 일을 할 필요가 없다고 판단되면 그 일을 잘하든 못하든 상관없다는 것을 그는 알고 있는 것이다. 자동차가 존재할 가치가 없는 것이라면 휘발유 1리터로 몇 킬로미터를 가든 무슨 상관이란 말인가?

실용주의자가 또 한 가지 이해하지 못하는 것은 엔트로피 법칙이 물리적 세계를 지배하는 궁극적인 과학의 법칙이지 낡은 시스템을 수리하는 데 쓸 수 있는 도구는 아니라는 사실이다. 또한 실용주의자는 엔트로피 법칙이 일상생활의 가장 친숙한 개념마저 완전히 바꿔놓는다는 사실도 이해하지 못한다. 예를 들어 열역학 제2법칙은 시간이 엔트로피의 함수라는 사실을 보여준다. 세계가 엔트로피 극대점에 달해서 일을 할 수 있는 유용한 에너지가 하나도 남지 않게 되면 시간도 정지할 것이다. 왜냐하면 어떤 일도 일어나지 않을 것이기 때문이다. 엔트로피적 의미에서 시간을 '절약' 할 수 있는 유일한 방법은 사회 내 에너지 흐름을 자연적으로 발생하는 에너지 흐름과 최대한 비슷한 수준으로 유지하는 것이다. 그렇게 되면 시간과 생명의 종말이 좀 더 늦게 찾아올 것이다.

그러나 실용주의자는 기존의 에너지 흐름을 효율화시켜서 시간을 '절약' 하려 할 것이다. 이렇게 되면 엔트로피 과정이 더욱 빨라질 뿐이며, 그와 함께 앞으로 우리 후손들이 누릴 수 있는 시간이 줄어든다. 마찬가지로 실용주의자들은 '경제성장' 이라는 현상을 제대로 이해하지 못할 것이다. 실용주의자들은 성장이라는 것이 사실상 지구의 자원을 고갈시키는 것이고, 유용한 에너지를 무용한 에너지로 바꿔놓는 과정일 뿐이라는 사실을 이해하지 못한 채 '올바른' 성장의 방법은 어떤 것인가를 정의하는데 골몰할 것이다. 경제가 성장할수록 그 경제는 스스로 파놓은 함정으로 빠져든다는 사실을 엔트로피 법칙은 증명하고 있다.

세 번째 유형은 "향락주의자"라고 불러야 할 것이다. "신나게 놀아보자"가 이들의 모토이다. 또 하나의 모토는 "후손들이 나한테 해준 게 뭔데?"이다. 이들은 전체적으로 상황이 나빠지고 있다는 사실에는 동의 할 것이다. 이들은 대기오염, 식품오염, 자연의 파괴 등에 대해 불평을 늘어놓을 것이다. 그러나 로마제국 말기처럼 이들은 할 수 있는 일이 아무것도 없다고 주장할 것이다. 그리고 인간은 본질적으로 욕심 많고 파괴적이라고 할 것이다. 누군가가 시스템을 바꾸려고 하면 그때마다 이들은 나빠지지나 않으면 다행이라고 한다. 이제 파국이 다가오는데 하찮은 인간이 먹고, 마시고, 즐기는 것 외에 할 수 있는 일이 무엇이란 말인가?

낙관주의자, 실용주의자, 향락주의자들은 모두 한 가지 공통점이 있다. 이들은 모두 오늘날의 상황이 나쁘기는 하지만 우리 세대는 앞선 어떤 세대보다도 현실을 잘 이해하고 이를 장악하고 있다고 믿는 것이다. 이들은 현대 이전의 인간을 가축보다 별로 낫다고 생각하지 않는다. 우리 조상들은 소립자, 컴퓨터, 음향기기 같은 것을 몰랐기 때문에 우리보다 덜 인간적이었다는 것이다. 뉴턴적 패러다임을 완강하게 지지하는 이들은 우리의 지식이 500년 전 또는 5,000년 전에 살았던 사람들의 지식과 다를 뿐이라는 사실을 이해하지 못한다. 환원주의적 시각에서 보면 우리는 점점 더 많은 것을 아는 것처럼 보인다. 그러나 동시에 우리는 우리 주변에서 어떤 일이 일어나고 있는지를 더욱 더 이해하지 못한다. 자연으로부터 완전히 괴리되고 도시화된 우리의 지성은 환경과 인간 사이의 진정한 관계를 통찰할 능력이 없다. 고에너지 문화로 인해 인간의 마음은 완전히 조각나 버려서 삶의 원천과 더 이상 조화를 이루지 못한다. 자연과 유리되어 있기 때문에 우리는 깨달음(역사를 통해 많은 사람들이 이 단어를 이해한 것과 같은 의미로)을 얻을 기회가 없다. 우리 조상들은 우리 주변에서 일어나는 현상들을 과학적으로 이해하고 설명하지 못한 것이 사실이다. 그러나 이들은 인생에서 정말로 중요한 것이 무엇인지를 직관을 통해 우리보다 잘 알고 있었다.

우리 조상들은 적어도 자급자족했다. 이들은 자신의 필요를 충족할 줄 알았다. 그러나 우리는 스스로 만들어낸 고에너지 환경에 완전히 예속되어 있다. 우리는 식량을 생산하지 못하고, 오락도 남의 힘을 빌려야 하며, 옷도 만들지 못한다. 우리는 모든 것을 어른이 챙겨줘야 하는 불쌍한 어린애와도 같아. 농부이자 작가인 웬델 베리Wendell Berry는 현대사회의 딜레마를 아주 잘 묘사하고 있다.

미국인은 아마 인류역사상 가장 불행한 사람일 것이다. 그들은 돈을 버는 것 외에 자신을 위해 아무것도 할 수 없다. 그리고 그가 번 돈은 풍선처럼 부풀어 올라 다른 사람의 힘에 의해 그리고 역사적 상황에 따라 흘러가버린다. 아침부터 밤까지 그는 이것을 내가 만들었다는 자부심을 느낄 만한 물건을 만져보지도 못한다. 그 많은 여가와 오락에도 불구하고 그는 항상 기분이 나쁘고, 안색도 좋지 않으며, 지나치게 뚱뚱하고 건강도 나쁘다. 그가 숨 쉬는 공기, 마시는 물, 먹는 음식에는 모두 독이 들어 있다. 그가 숨이 막혀 죽을 가능성은 상당히 높다. 미국인은 자신의 애정생활이 다른 사람의 애정생활만큼 만족스럽지 못하다고 생각한다. 그리고 차라리 더 일찍 태어나거나 더 늦게 태어났으면 좋았을 것이라고 생각한다. 그는 자기 아이들이 왜 그런 짓을 하는지 알지 못한다. 아이들의 말도 알아듣지 못한다. 그는 아무데도 관심이 없고 자기가 왜 그런지도 모른다. 그는 아내가 원하는 것이 무엇인지, 그리고 자기가 원하는 것이 무엇인지조차도 모른다. 잡지에 나오는 광고나 사진을 보면 그저 자신을 매력 없는 사람으로 보인다. 그는 자신의 재산을 빼앗길까봐 두려워한다. 그는 실직을 하거나, 경제가 나빠지거나, 전력회사가 도산을 하거나, 경찰이 파업을 하거나, 아내가 자신을 버리거나, 아이들이 달아나거나 몹쓸 병에 걸리면 어떻게 해야 할지도 모른다. 이런 걱정 때문에 그는 전문가와 상의한다. 그 전문가는 자기의 걱정 때문에 또 다른 전문가를 찾아간다.

베리는 이렇게 결론을 내린다. "자신의 의지와 기술로 세상을 살아간다는 측면에서 볼 때 가장 어리석은 농부나 미개인들도 전문가 사회의 가장 총명한 근로자나 기술자 또는 지성인보다 더 유능하다."

— 제레미 리프킨 지음, 이창희 옮김, 『엔트로피』, 세종연구원, 310~324쪽

◖ 함께 읽기 좋은 자료 ◗

리처드 도킨스 지음, 『악마의 사도』

스티븐 호킹, 『위대한 설계』

일리야 프리고진, 『확실성의 종말』

제레미 리프킨, 『공감의 시대』

4 『프로테스탄티즘의 윤리와 자본주의 정신』을 읽고 쓰다

| 학습 목표 |

- 『프로테스탄티즘 윤리와 자본주의 정신』을 읽고 프로테스탄티즘 윤리란 무엇이며, 그것이 자본주의 성립에 미친 영향은 무엇인지 알아본다.
- 발표와 토론을 통해 저작을 깊이 있게 이해하고 비판적으로 바라보는 시각을 기른다.
- 글쓰기에 있어 문단의 중요성에 대해 이해하고 문단의 전개 과정을 익힌다.

| 해제와 저자 소개 |

●해제

『프로테스탄티즘 윤리와 자본주의 정신』은 1904년에서 1905년에 걸쳐 사회과학 잡지에 논문으로 발표되었으며, 1920년 단행본으로 간행되었다. 근대 유럽에서의 자본주의의 발생을 프로테스탄티즘의 종교적 생활태도와 관련시켜 설명한 이 책은 20세기에 쓰여진 가장 중요하고도 논쟁적인 저작의 하나로 평가된다. 이것은 실상 근대 자본주의 사회의 형성 문제와 관련하여 가장 영향력 있는 설명이었던 칼 마르크스의 논지를 의식한 저술이었다. 마르크스가 근대 자본주의 사회의 형성을 생산력과 생산관계라는 객관적 구조의 변화 속에서 파악했다면, 베버는 이 책에서 그것을 칼뱅주의 교리 하에서 금욕과 근면에 애쓰는 윤리적 에토스ethos와 결부시켜 설명했기 때문이다. 근대의 형성을 '자본주의 정신'의 성립으로 설명하는 이 책의 논지는 이후 문화사회학과 종교사회학의 성립에 크게 영향을 미쳤을 뿐만 아니라, 보다 근본적으로 역사의 변화에서 한 시대의 정신적 기질이나 태도, 관념과 문화적 분위기가 가지는 역할에 대해 숙고하게 하는 데 지대한 영향을 미쳤다. 그러나 이 책의 미덕은 단지 정치경제적 구조냐 아니면 문화적 에토스냐라는 양자택일이나 그러한 이원적 관점에 있지 않다. 실제로 마르크스가 역사의 변화를 사회적 관계의 변화에서 파악할 때 그것이 경제적 구조의 객관성만을 의미하는 것은 아니었으며, 이 책에서 견지된 베버의 관점 또한 문화적 결정론이라기보다 오히려 어느 하나로 환원될 수 없는 여러 복합적이고 중층적인 요인들에 의해 역사는 변화하고 형성된다는 데 놓여 있다고 할 수 있다.

●저자 소개

막스 베버Maximilian Carl Emil Weber(1864~1920)는 독일의 경제학자이자 사회학자로, 칼 마르크스, 에밀 뒤르켐과 함께 현대 사회학의 기초를 마련한 사람의 하나로 평가된다. 그는 1864년 독일 에르푸르트에서 국회의원의 아들로 태어나 하이델베르크 대학에서 법학공부를 시작하여 1889년 베를린 대학에서 경제사와 법제사에 관한 논문으로 박사학위를 받았다. 그는 1892년 「로마 농업사」(1891)로 교수 자격을 획득하고 1894년부터 프라이부르크 대학과 하이델베르크 대학의 강단에 있었는데, 이후 신경쇠약을 겪게 되면서 유럽 각지에서 투병생활을 하며 연구를 지속했다. 이 시기의 연구를 기반으로 1904~1905년 『프로테스탄티즘 윤리와 자본주의 정신』이 발표되었고, 다른 연구들은 그가 죽은 후 『경제와 사회』라는 이름으로 편찬되었으며 『종교사회학 논문집』으로 간행되었다. 1919년 다시 뮌헨대학 강단에 돌아온 그는 1920년 죽음을 맞이할 때까지 바이마르 헌법의 초안을 닦는 등 당대 독일의 정치적 문제에 적극적으로 활동하였다. 그밖에 주요 저술로는 『과학론 논문집』, 「직업으로서의 학문」(1917), 「직업으로서의 정치」(1919) 등이 있다.

| 읽고 생각하기 |

독서 노트

읽기 지침

- 칼뱅주의를 중심으로 한 프로테스탄티즘 윤리에 대해 이해한다.
- 프로테스탄티즘 윤리가 서구 자본주의에 미친 영향에 대해 알아본다.
- 오늘날 자본주의의 모습이 베버가 설명한 근대 자본주의의 성격과 어떻게 같고 다른지에 대해 생각해 본다.

●지도 작성하기

과제 1. 다음 제시문을 읽고 프로테스탄티즘 윤리가 형성되는 과정을 지도로 작성해 보시오.

신이 인간을 위해 있는 것이 아니라 인간이 신을 위해 있으며, 모든 것 – 따라서 칼뱅이 결코 의심치 않았던, 오직 소수의 사람만이 부름을 받는다는 것도 – 은 오직 신의 위엄을 영광케 한다는 목적의 수단으로서만 의미를 가질 수 있다. 신만이 자유롭고, 즉 아무런 법칙에도 종속되지 않고, 신의 결단은 당신이 그것을 우리에게 알려서 좋다고 생각하시는 한에서만 이해될 수 있고 알 수 있는 것이기 때문에, 지상의 '정의'의 척도로 신의 지고한 섭리를 측정하려는 것은 무의미할 뿐 아니라 신의 위엄을 침범하는 것이다. (…)

이 이론은 그 격앙된 비인간성을 통해 그 장엄한 결론에 몸을 맡긴 한 세대의 감정에 낳은 결과는 무엇보다도 전대미문의 개인적인 내적 고립감이었다. 종교개혁 시대의 인간들에게 결정적이었던 삶의 관심사, 즉 영원한 구원을 위하여 인간은 태초로부터 정해져 있는 운명을 향해 홀로 길을 가는 수밖에 없었다. 아무도 그를 도울 수 없다. 설교자도 도울 수 없다. 왜냐하면 오직 선택된 자만이 신의 말씀을 영적으로 이해할 수 있기 때문이다. (…)

적어도 '각자의' 구원 문제가 제기되는 한 지칠 줄 모르는 신앙이 은총의 표시를 나타내는 자기증거라는 칼뱅의 입장에 머물러 있는 것은 불가능했다. (물론 칼뱅주의의 정통교리가 원칙적으로 이 입장을 명백하게 포기한 적은 결코 없다.) 특히 모든 면에서 그 교리가 낳은 고통과 관련되어 있었던 목회활동에서는 그것이 불가능했다. 그 경우 구원의 선택을 달리 해석하고 완화시키고 근본적으로 포기하지 않는 이상 특히 두 가지 상호결부된 목회적 권고가 특징적으로 부각된다.

첫째는 자신을 선택된 자로 여기고 모든 의심을 악마의 유혹으로서 거절하는 것이 단적으로 의무화된다. 왜냐하면 자기확신이 결여되었다는 것은 불충분한 신앙의 결과이고 따라서 은총이 불충분한 결과이기 때문이다. 자신이 부르심을 받았음을 '확실히 하라'는 사도의 권고가 여기서는 일생의 투쟁에서 자신의 선택됨에 대한 주관적 확신과 증명에 도달하라는 의무로 해석되었다. 루터가 은총을 약속했던 죄를 회개하고 신을 믿는 참회하는 죄인 대신에 우리가 자본주의의 영웅적 시기의 강철같이 굳건한 청교도 상인에게서 볼 수 있고, 현재에도 개별적인 사례에서 재발견할 수 있는 자신감 넘치는 '성도聖徒'가 육성되었던 것이다. 둘째로 자기확신에 도달키 위한 가장 탁월한 수단으로 부단한 '직업노동'이 엄명되었다. 이러한 노동만이 종교적 회의를 씻어 버리고 구원의 확실성을 제공한다는 것이다. (…)

전자(자신을 신의 권능을 담아내는 그릇으로 느낌으로써 구원을 확신하는 것 : 인용자 주)의 경우 그의 종교생활은 신비주의적인 정감적 문화로 기울었고, 후자(자신을 신의 권능을 실현하는 도구로 느낌으로써 구원을 확신하는 것 : 인용자 주)의 경우에는 금욕적 행위로 기울었다. 첫 번째 유형에서 루터가 가까이 있었고 두 번째 유형에는 칼뱅주의가 속했다. 물론 개혁교도들도 '신앙만으로' 구원받기를 원했다. 그러나 이미 칼뱅의 견해에 따르면 모든 단순한 감정과 기분은 그것이 아무리 숭고해 보일지라도 기만적인 것이었기 때문에, 구원의 확신에 대한 보다 확실한 근거가 될 수 있기 위해서 신앙은 그것의 객관적 '결과'에서 증명되어야 하는 것이다. 즉 신앙은 '유효한 신앙'이어야 하고 구원에의 소명은 '유효한 소명'('사보이 선언'의 표현)이어야 한다.

— 막스 베버 지음, 박성수 옮김, 『프로테스탄티즘의 윤리와 자본주의 정신』, 문예출판사, 79~89쪽 발췌

과제 2. 『프로테스탄티즘의 윤리와 자본주의 정신』을 읽고 다음 표를 작성해 보시오.

프로테스탄티즘 윤리	자본주의 정신

| 문단 작성 |

●작문의 절차

개요가 완성되면 그것을 바탕으로 삼아 집필에 들어간다. 집필한다는 것은 자신의 생각을 문장으로 표현하고, 그러한 문장들을 긴밀하게 연결해 나가는 과정이다. 하나 이상의 문장이 하나의 문단이 되고, 하나 이상의 문단이 한 편의 온전한 글이 된다. 거꾸로 말하면, 한 편의 온전한 글은 하나 이상의 문단으로 형성되고, 하나의 문단은 또 하나 이상의 문장으로 형성된다. 좋은 문장이 모여 좋은 문단을 만들고, 좋은 문단이 모여 한 편의 좋은 글을 만드는 것이라면, 좋은 글을 쓰기 위해서는 좋은 문장과 좋은 문단을 만드는 법을 알아야 한다. 여기서는 좋은 문단을 만드는 방법에 대해 다룬다.

좋은 문장 ⇨ 좋은 문단 ⇨ 좋은 글

_문단과 소주제

글 쓰는 사람의 생각을 설득력 있게 드러내는 최소의 단위가 문단이라는 관점에 서면, 문단 층위에서의 글쓰기 연습은 매우 중요하다. 실제로 문단을 고려하지 않은 글은 두서없이 보여 체계적이지 못하게 되고, 생각이나 주장을 효과적으로 표현해 내지 못하는 경우가 대부분이다. 문단 형성이 제대로 이루어져 있지 않은 글은 한마디로 기본이 안 되어 있는 글이라 하여도 과언이 아니다. 이런 점을 고려하면, 좋은 문단을 쓰는 연습은 글쓰기 교육에서 가장 중점적으로 다루어야 할 부분이라 할 수 있을 것이다.

문단 나누기는 글쓰기의 기본!!

형식적으로 문단은 그것이 시작됨을 표시하는 방법이 정해져 있다. 문단은 '들여쓰기' 와 '행 바꿈' 의 형식적 특징으로 확인된다고 할 수 있다. 또한 내용적으로 보면, 하나의 문단에는 하나의 중심 생각이 들어 있다. 이러한 중심 생각을 '소주제' (또는 '화제')

라고 한다. 새로운 문단의 시작은 새로운 소주제로 이야기가 바뀜을 의미한다. 하나의 문단에 두 가지 중심 생각이 들어 있거나, 하나의 중심 생각이 둘 이상의 문단으로 나누어져 기술되면 좋은 글이 될 수 없다.

문단의 특성 → 형식적 : 들여쓰기, 행바꿈 내용적 : 하나의 중심 생각(소주제)

_문단의 전개

문단은 그 자체로서 한 편의 온전한 글이 되는 경우도 있다. 그러나 일반적으로 문단의 중심 생각인 소주제는 보다 상위에 위치하는 글 전체의 중심 사상인 주제의 하위 항목이 된다. 따라서 소주제는 주제와의 관계를 고려하여 그것을 뒷받침할 수 있는 내용으로 설정되어야 한다.

주제와 소주제의 관계는 한 문단 내에서 소주제와 나머지 문장들과의 관계와 유사하다. 한 편의 글에서 여러 개의 소주제가 모여 하나의 주제를 뒷받침하듯이, 하나의 문단에서는 여러 개의 문장이 모여 하나의 소주제를 뒷받침한다. 그러므로 각각의 문장이 소주제를 뒷받침하지 않는다면 제대로 된 문단이라고 할 수 없다.

문단의 중심 생각을 하나의 문장으로 표현한 것을 '소주제문' 이라고 한다. 그러므로 하나의 문단은 소주제문을 중심으로 그 소주제문의 내용을 뒷받침하는 얼마간의 문장으로 이뤄진다고 할 수 있다. 문단을 나무에 비유한다면 소주제문은 나무의 근간이 되는 줄기에 해당하는 것이다.

문단을 전개하는 방법에는 기본적으로 두 가지가 있다. 소주제문의 내용을 구체화하는 방법이 그 하나이고, 둘째는 소주제문의 내용을 합리화시키는 방법이다.

<table>
<tr><td rowspan="3">구
체
화
하
기</td><td>추상적 서술
구체화하기</td><td>소주제문은 뒷받침 문장을 포괄하는 추상적인 내용을 담고 있는 경우가 많다. 이에 관한 좀더 구체적이고 개별적인 내용을 기술한다.</td></tr>
<tr><td>알기 쉽게
풀어 설명하기</td><td>소주제문을 알기 쉽게 풀어서 설명한다. '다시 말하면, 즉, …' 등의 접속 어구를 내세우거나, 첫째, 둘째, 셋째, 넷째 등의 말을 내세우는 경우가 많다.</td></tr>
<tr><td>전형적인 예
보여주기</td><td>실제로 일어난 사례나 주변에서 보고 들은 내용을 예로 제시한다. '가령, 예를 들면, 예컨대, 이를테면' 등의 접속 어구를 내세우는 경우가 많다.</td></tr>
<tr><td>합
리
화
하
기</td><td colspan="2">이유나 원인을 제시함으로써 소주제문을 합리화하는 방법이다. 원인이나 이유를 나타내는 부분에는 '왜냐 하면, 그 까닭/이유/원인은' 등의 어구를, 결과를 나타내는 부분에는 '그러므로, 그리하여, 그래서, 그 결과' 등의 어구를 사용하는 경우가 많다.</td></tr>
</table>

[예문 1] 추상적인 서술 구체화하기 – 상세한 메모

추상적인 서술 : 건강해지기 위해서는 많이 웃어야 한다.

구체적인 서술 : 웃으면,

① 호르몬 분비가 왕성하게 된다.
② 몸에 필요한 각종 호르몬의 균형을 맞춘다.
③ 혈액 순환이 왕성해진다.
④ 혈액의 산소가 알칼리성으로 바뀐다.
⑤ 신경의 긴장 완화로 호흡이 길어진다.
⑥ 소화가 잘 된다.

[예문 2] 추상적인 서술 구체화하기([예문 1]을 바탕으로 집필한 것)

많이 웃으면 건강해진다고 한다. 전문가들에 의하면, 사람이 많이 웃게 되면 우리 몸속에서 호르몬 분비가 왕성해질 뿐만 아니라, 각종 호르몬의 균형이 맞추어지게 된다는 것이다. 또 소리 내어 크게 웃으면 혈액 순환이 왕성해져서 신진 대사가 원활해지고 혈액이 알칼리성으로 바뀐다고 한다. 신경의 긴장이 완화되어 호흡이 길어지고 소화도 잘 된다고 하니 어찌 웃지 않고 배기랴!

[예문 3] 알기 쉽게 풀어서 설명하기

운동이란 말은 여러 가지 뜻을 가지고 있다. 첫째로 물체가 자리를 바꾸어 움직이는 일을 뜻한다. 이는 물리학 등에서 쓰이는 운동의 뜻이다. 둘째로는 물질의 존재와 불가분의 관계에 있는 온갖 변화를 가리킨다. 이 개념은 만물의 생성, 변화, 섭리 등을 말할 때 쓰이는 것으로 철학에서 주로 사용된다. 셋째로 체육이나 위생을 위해서 몸을 의식적으로 움직이는 것을 말한다. 이 경우는 우리가 일상 쓰는 육체적 운동을 뜻한다. 넷째로 정치적 사회적 목적을 위해 활동하는 것을 말할 때에도 이 운동이란 말을 쓴다. 이에는 선거 운동, 독립 운동, 이웃 돕기 운동 등 여러 가지가 있다.

[예문 4] 전형적인 예 제시하기

이치적 사고란 어떤 대상을 두 개의 대립된 상황으로 나누어서 한 쪽을 택하고 다른 쪽을 버리는 사고 방식이다. 이를테면, 긍정과 부정, 흑과 백, 선과 악 등의 두 가지 대립되는 상황을 설정하여 양자 택일을 하고 어떤 중간적 존재도 인정하지 않는 경우이다. '흑백 논리' 라고도 알려진 이 사고 방식은 수학 문제의 풀이에서 그 대표적인 예를 볼 수 있다. 가령, '2+2' 는 4가 정답이고 4가 아닌 것은 오답이며, 누구나 정답과 오답 중에서 하나를 선택해야 한다. 그 중간치는 인정되지 않는다. 이런 수학 문제 풀이의 경우 이외에도 양자 택일을 하지 않으면 안되는 상황에서는 2치적 사고 방식이 나타난다. 예를 들면, 전쟁터에서는 이기기 아니면 지기 곧 살기 아니면 죽기가 되는 2치적 사고가 지배를 한다. 또 "자유 아니면 죽음을 달라."라는 부르짖음도 2치적 사고의 발상에서 나온 것이다.

[예문 5] 합리화 하기 – 상세한 메모

추상적인 서술 : 텔레비전은 바보 상자라 할 만하다.

구체적인 서술 : 왜냐 하면, 텔레비전은

① 우리가 조용히 생각할 수 있는 시간을 빼앗아 간다.

② 여러 가지 종류의 오락과 흥미 거리를 가지고 우리를 유혹함으로써 그 앞에 멍하니 앉아 있게 만든다.

③ 온갖 지식과 정보들을 안방에까지 가져다 줌으로써 우리를 수동적으로 만든다.

[예문 6] 합리화 하기 ([예문 5]를 바탕으로 집필)

텔레비전은 바보 상자라 할 만하다. (왜냐 하면) ① 텔레비전은 우리가 조용히 생각할 수 있는 시간, 곧 고독의 시간을 빼앗아 간다. ㉠ (풀어서 말하면) 고독의 시간은 우리를 쓸쓸하게 만들기도 하지만 우리가 독자적으로 사색할 수 있는 시간이 되기도 한다. 그런데 ② 텔레비전은 여러 가지 종류의 오락과 흥미 거리를 가지고 우리를 유혹함으로써 그 앞에 멍하니 앉아 있게 만든다. 또 (왜냐 하면) ③ 텔레비전은 온갖 지식과 새로운 정보들을 안방에까지 가져다 주는 충실한 하인과 같은 구실을 한다. ㉡ 이런 봉사적인 면은 우리에게 도움이 되기도 하지만 그로 인해서 우리는 스스로 새로운 지식을 찾고 탐구하는 일에 게을러지게 된다.

과제 1. [지도 작성하기-과제 1]의 제시문에서 각 문단의 소주제문을 찾고 각 문단의 전개 방식을 파악해 보시오.

과제 2. 다음 문장을 소주제문으로 한 문단을 작성해 보시오.

(1) 유교/불교/기독교의 종교적 교리 혹은 생활 윤리는 한국 사회에 지대한 영향을 미치고 있다. (⇨ 전형적인 예 보여주기)

(2) 근대 자본주의 정신은 프로테스탄티즘의 금욕적 윤리에 기반하고 있다. (⇨ 추상적 서술 구체화하기)

| 토론하기 |

과제 1. 『프로테스탄티즘 윤리와 자본주의 정신』에 나타난 '노동' 혹은 '직업' 에 대한 관점을 설명하고, 이것을 자신의 관점과 비교해 보자.

과제 2. 아래 제시문은 저작의 마지막 장인 '금욕과 자본주의 정신' 의 마지막 부분이다. 이 글에서 베버는 근대 자본주의 정신이 청교도의 금욕주의적 윤리관에 기반하고 있음을 다시 한 번 강조한다. 그리고 그와 동시에 이러한 정신의 한계는 물론, 미래에 대한 우려를 표명하고 있다. 이것의 내용을 요약하고, 이에 대한 자신의 생각을 이야기해 보시오.

근대적 자본주의 정신, 그리고 그뿐 아니라 근대적 문화에 구성적인 요소 중 하나인 직업사상에 입각한 합리적 생활방식은 – 이것이 이 책에서 증명하려던 점인데 – 기독교적 금욕의 정신에서 탄생한 것이다. 이 책의 초두에 인용된 프랭클린의 글을 다시 한번 읽어 본다면, 그것에서 '자본주의 정신' 이라 표현한 사고방식의 본질적인 요소가 방금 전에 청교도적 직업금욕의 내용으로 말한 것이며 단지 프랭클린의 경우에는 이미 사라져 버린 것인 종교적 정초를 제외한 것에 지나지 않음을 알게 될 것이다. – 근대적 직업노동이 일종의 금욕적 특성을 갖고 있다는 사상은 결코 새로운 것이 아니다. 전문노동에의 국한과 그에 따르는 인간의 파우스트적 전면성의 포기는, 오늘날의 세계에서 가치있는 행위를 위한 전제이며 따라서 '행위' 와 '체념' 은 어쩔 수 없이 서로를 제약한다. 즉 부르주아적 생활양식의 금욕적 기본 동기는 – 만일 그것이 무양식이 아니라 적어도 하나의 양식이고자 한다면 – 완숙한 인생관의 경지에 선 괴테 역시 《편력시대》와 파우스트의 임종에서 우리에게 가르치려 했던 것이다. 괴테에 있어 이러한 인식은 완전하고 아름다운 인간의 시대에 대한 체념적인 이별을 뜻하는 것이었다. 고대의 아테네 전성기가 다시 올 수 없듯이 그 시대 역시 우리의 문화발전과정에서는 다시 오지 않을 것이다.

청교도는 직업인이기를 바랐다 – 반면에 우리는 직업인일 수밖에 없다. 왜냐하면 금욕이 수도원의 방에서 나와 직업생활에 옮겨지고 현세적 윤리가 지배하기 시작함에 따라 이 금욕은 나름대로 기계적 생산의 기술적, 경제적 전제에 의존하는 근대적 경제질서의 강력한 우주를 구축하는 데 일조했기 때문이다. 이 우주는 오늘날 이러한 동력기 안에서 태어나는 모든 사람 – 단지 직접 경제적 영리활동을 하는 자뿐 아니라 – 의 생활양식을 압도적인 강제력으로 규정하고 있으며 또한 그 마지막 화석연료가 다 탈 때까지 아마 규정할 것이다. 박스터의 견해에 따르면 외적인 재화에 대한 배려는 마치 '언제든지 벗을 수 있는 얇은 겉옷' 처럼 성도의 어깨에 놓여 있어야만 한다. 그러나 운명은 이 겉옷을 강철 같은 겉껍질로 만들어 버렸다. 금욕이 세계를 변혁시키고 세속에 작용하기 시작하자 이 세상의 외적인 재화는 역사에서 유례를 찾을 수 없을 정도로 인간에 대한 힘을 증대시켜 갔고 마침내는 벗어날 수 없는 것이 되었다. 오늘날 이 정신은 그 겉껍질에서 – 영원히인지 아닌지는 그 누구도 모른다 – 사라져 버렸다. 어쨌든 승리를 거둔 자본주의는 그것이 기계적 도태에 입각하는 한 그와 같은 지지를 더 이상 필요로 하지 않는다. 그 정신의 유쾌한 후계자인 계몽주의의 장밋빛 분위기도 영원히 바래 버린 듯하고, '직업의무' 라는 사상은 이전의 종교적 신앙 내용의 망령처럼 우리의 삶 안에서 배회하고 있다.

'직업이행' 이 최고의 정신적인 문화적 가치와 직접적 관련을 가질 수 없는 경우 – 또는 거꾸로 말해서 그 이행이 주관적으로도 경제적 강제 이상의 것으로는 느껴질 수 없는 경우 – 인 오늘날, 개인들은 대개 직업이행에 대한 해석을 포기한다. 현재 영리추구가 가장 자유로운 곳인 미국에서 종교적 · 윤리적 의미를 박탈당한 영리추구는 드물지 않게 그 추구에 스포츠의 특성을 부여하는 순수한 경쟁적 열정과 결합되는 경향이 있다. 미래에 이 겉껍질 안에서 살 자가 누구인지, 이 엄청난 발전의 마지막에 전혀 새로운 예언자나 혹은 옛 정신과 이상의 강력한 부활이 있을지, 아니면 – 이 둘 다 아니고 – 일종의 발작적인 오만으로 장식된 기계화된 화석화가 있을지는 누구도 모른다. 만일 후자의 경우라면 물론 이 문화발전의 '최후의 인간' 에 대해서는 다음과 같은 말이 옳은 것이 될 것이다. 즉 '정신 없는 전문가, 가슴 없는 향락자 : 이 공허한 인간들은 인류가 전례 없는 단계에 도달했다고 생각할 것이다.'

– 막스 베버 지음, 박성수 옮김,
『프로테스탄티즘의 윤리와 자본주의 정신』, 문예출판사, 144~146쪽

《 함께 읽기 좋은 자료 》

아담 스미스, 『국부론』

칼 마르크스, 『자본론』

칼 폴라니, 『거대한 전환』

장하준, 『나쁜 사마리아인들』

5 『광장』을 읽고 쓰다

| 학습 목표 |

- 『광장』과 그것이 창작된 시대와의 관련성에 대해 알아보고, 문학작품의 사회적 의미에 대해 이해한다.
- 문학 작품에 대해 분석적으로 읽고 토론함으로써 문학작품의 다양한 해석 가능성에 대해 알아본다.
- 『광장』과 관련한 다양한 토론을 통해 하나의 주제를 잡고 비평적 에세이를 써본다.

| 해제와 저자 소개 |

●해제

1960년 11월 『새벽』지에 발표된 최인훈의 대표작. 원래 600장 정도의 중편이었으나, 이후 단행본 출간과 수차례의 개작改作 과정에서 800장 규모로 정착되었다. 특히 이 작품은 최초 발표 이후 여러 번에 걸쳐 개작을 거친 것으로 유명하다. 발표 당시에는 '4월이 가져온 새 공화국에 사는 작가의 보람' 이라는 작가의 감격 어린 표백에서 알 수 있듯이 분단 이후 남한체제가 노정한 자본주의적 현실 모순에 비판의 과녁이 맞춰졌다. 그런

데 단행본 출간 과정에서 분단 후 남북 체제에 대한 동시적이고 균형 잡힌 비판 쪽으로 비판적 합리주의의 태도가 견인됨으로써, 오늘날과 같은 좌우 이데올로기에 대한 전면적 비판의 관념형 소설로 굳어지게 되었다. 단행본 출간 과정에서 대개 확정된 『광장』 판본은 그 후 거듭된 중간重刊과 일역, 그리고 개판 등의 계기를 거치면서 조금씩 수정되었으며 2010년 전집판이 새로 꾸려지면서 다시 한 번 개작이 이루어졌다. 여러 번에 걸친 이 같은 개작은 『광장』에 대한 최인훈의 남다른 애정을 잘 보여준다고 할 것이다.

오늘의 시점에서 『광장』을 다시 평가할 때도 그 문학사적 의미망은 분단 이데올로기의 해체와 비판이라는 각도에서 크게 벗어날 수 없다. 『광장』 이후 수많은 분단 소설들이 쓰여졌으며 또 어느 면에서 이 작품의 성과를 넘어선 소설들이 많이 배출되었다 하더라도 비판적 사실주의의 각도에서 이 작품만큼 전면적으로, 그리고 순수하게 이데올로기 비판의 성격을 지닌 작품은 그리 많지 않다. 주인공 이명준은 한국 소설사에 드문 관념적 지식인이며, 이러한 지평 확대로 말미암아 4.19 혁명 이후 1960년대 소설사가 전후 소설前後小說의 관념 부피를 벗어나 내면공간의 비약을 이룩하게 되었다고 평가된다. 『광장』은 명실공히 분단시대를 관통하는 최인훈 문학의 원점이다. 또한 한국전쟁 후의 수많은 제3국행 전쟁포로들의 실제 존재는, 이 작품의 역사 비판이 결코 허구적 몽상의 소산만이 아니었음을 입증하고 있다.

●저자 소개

1936년 4월 13일 함경북도 회령 출생. 목재상이었던 아버지 최국성과 어머니 김경숙 사이에 장남으로 출생. 원산중학을 거쳐 원산고등학교 재학 중 한국전쟁이 발발하자, 그 해 12월 해군 함정 LST편으로 전 가족이 월남했다. 목포고를 거쳐 서울대 법대 4학년을 중퇴하고(1957), 1958년 군에 입대하여 6년간 군 생활을 하다가 1963년 제대했다. 제대 후 소설가, 희곡작가로 왕성한 작품 활동을 펼쳤다. 1973년 미국 아이오와대학 작가 프로그램에 참석하기 위하여 미국에 건너가 3년간 머물다가 귀국한 후, 1977년부터 서울예전 교수를 역임하였다.

군 복무 중이던 1959년, 『자유문학』지에 단편 「그레이 구락부 전말기」와 「라울전傳」이 안수길에 의해 추천됨으로써 등단하였다. 다음 해 『광장』을 통해 문명文名을 확고히 하고, 이후 문제작들을 꾸준히 발표함으로써 '전후戰後 최대의 작가' 라는 평가를 받는다. 『광장』을 비롯하여 『회색인』(1963~1964), 『서유기』(1966), 『소설가 구보씨의 일일』(1969~1972), 『태풍』(1973)은 최인훈의 '5부작'으로 불리며, 그 외에 『가면고』(1960), 『구운몽』(1962), 『크리스마스 캐럴』(1963~1966), 『총독의 소리』(1967~1976) 등이 있다. 1970년대에는 희곡 창작에 몰입하여 〈어디서 무엇이 되어 만나랴〉(1970), 〈옛날 옛적에 훠어이 훠이〉(1976), 〈둥둥 낙랑둥〉(1978) 등 7편의 희곡을 썼다. 그의 희곡은 수적으로 많지는 않으나 '극시인의 탄생'이라는 말이 가리키듯 한국 희곡사에서 독창적인 작품으로 평가된다. 이후 10여 년의 문학적 휴지기를 거쳐 1994년, 세계사적 냉전체제의 종식에 즈음하여 자전적 회상록의 장편소설 『화두』를 발간했다. (권영민 편, 『한국 현대문학 대사전』, 서울대학교 출판부, 2004 참고)

| 읽고 생각하기 |

독서 노트

읽기 지침

- 작품 곳곳에 나오는 '광장'과 '밀실'의 의미에 대해 생각해 보자.
- 주인공 이명준의 최후는 어떤 모습인지 살펴보고, 이것이 의미하는 바에 대해 생각해 보자.
- 『광장』에서 남한 사회와 북한 사회에 대해 표출하고 있는 비판적 관점에 주목해 보고, 이것이 오늘날 가지는 의미에 대해 생각해 보자.

●지도 그리기

주인공 이명준을 중심으로 하여 이 작품에 나타난 인물 관계도를 자유롭게 그려보자.

●작품과 시대와의 관련성

아래 글은 『광장』이 발표된 시기 작가가 책머리에 쓴 서문이다. 이것을 참고로 하여, 이 작품이 1960년대 시대 상황과 어떤 관련이 있는지 알아보자.

> '메시아'가 왔다는 이천 년래의 풍문이 있습니다.
>
> 신이 죽었다는 풍문이 있습니다. 신이 부활했다는 풍문도 있습니다. 코뮤니즘이 세계를 구하리라는 풍문도 있습니다.
>
> 우리는 참 많은 풍문 속에 삽니다. 풍문의 지층은 두텁고 무겁습니다. 우리는 그것을 역사라고 부르고 문화라고 부릅니다.
>
> 인생을 풍문듣듯 산다는 건 슬픈 일입니다. 풍문에 만족지 않고 현장을 찾아갈

때 우리는 운명을 만납니다.

운명을 만나는 자리를 광장이라고 합시다. 광장에 대한 풍문도 구구합니다. 제가 여기 전하는 것은 풍문에 만족지 못하고 현장에 있으려고 한 우리 친구의 얘깁니다.

아시아적 전제의 의자를 타고 앉아서 민중에겐 서구적 자유의 풍문만 들려줄 뿐 그 자유를 '사는 것'을 허락지 않았던 구정권 하에서라면 이런 소재가 아무리 구미에 당기더라도 감히 다루지 못하리라는 걸 생각하면서 빛나는 4월이 가져온 새 공화국에 사는 작가의 보람을 느낍니다. (『새벽』, 1960년 10월)

— 최인훈, 『광장』, 문학과 지성사, 2010년, 20~21쪽

| 토론하기 |

과제1. 작품 속에는 '광장'과 '밀실'이란 말이 여러 번 등장한다. 1961년 판 『광장』의 서문(아래)을 참고로 하여 '광장'과 '밀실'의 의미에 대해 이야기해 보시오.

인간은 광장에 나서지 않고는 살지 못한다. 표범의 가죽으로 만든 정이 울리는 원시인의 광장으로부터 한 사회에 살면서 끝내 동료인 줄도 모르고 생활하는 현대적 산업 구조의 미궁에 이르기까지 시대와 공간을 달리하는 수많은 광장이 있다.

그러면서도 한편으로 인간은 밀실로 물러서지 않고는 살지 못하는 동물이다. 혈거인의 동굴로부터 정신병원의 격리실에 이르기까지 시대와 공간을 달리하는 수많은 밀실이 있다.

사람들이 자기의 밀실로부터 광장으로 나오는 골목은 저마다 다르다. 광장에 이르는 골목은 무수히 많다. 그곳에 이르는 길에서 거상巨象의 자결을 목도한 사람도 있고 민들레 씨앗의 행방을 좇으면서 온 사람도 있다.

그가 밟아온 길은 그처럼 갖가지다. 어느 사람의 노정이 더 훌륭한가라느니 하

는 소리는 아주 당치 않다. 거상의 자결을 다만 덩치 큰 구경거리로밖에는 느끼지 못한 바보도 있을 것이며 봄 들판에 부유하는 민들레 씨앗 속에 영원을 본 사람도 있다.

어떤 경로로 광장에 이르렀건 그 경로는 문제될 것이 없다. 다만 그 길을 얼마나 열심히 보고 얼마나 열심히 사랑했느냐에 있다. 광장은 대중의 밀실이며 밀실은 개인의 광장이다.

인간을 이 두 가지 공간의 어느 한쪽에 가두어버릴 때, 그는 살 수 없다. 그럴 때 광장에 폭동의 피가 흐르고 밀실에서 광란의 부르짖음이 새어나온다. 우리는 분수가 터지고 밝은 햇빛 아래 뭇 꽃이 피고 영웅과 신들의 동상으로 치장이 된 광장에서 바다처럼 우람한 합창에 한몫 끼기를 원하며 그와 똑같은 진실로 개인의 일기장과 저녁에 벗어놓은 채 새벽에 잊고 간 애인의 장갑이 얹힌 침대에 걸터앉아서 광장을 잊어버릴 수 있는 시간을 원한다.

이명준의 경우도 마찬가지다.

그는 어떻게 밀실을 버리고 광장으로 나왔는가. 그는 어떻게 광장에서 패하고 밀실로 물러났는가.

나는 그를 두둔할 생각은 없으며 다만 그가 '열심히 살고 싶어한' 사람이라는 것만은 말할 수 있다. 그가 풍문에 만족지 않고 늘 현장에 있으려고 한 태도다.

바로 이 때문에 나는 그의 이야기를 전하고 싶어진 것이다.

1961년 2월 5일

저자

— 최인훈, 『광장』, 문학과 지성사, 18~19쪽

과제 2. 아래 글은 『광장』의 결말에 해당하는 부분이다. 여기에 나타난 이명준의 최후는 어떠한가? 그리고 이것을 어떻게 해석할 수 있는지 이야기해 보시오.

……펼쳐진 부채가 있다. 부채의 끝 넓은 테두리 쪽을, 철학과 학생 이명준이 걸어간다. 가을이다. 겨드랑이에 낀 대학신문을 꺼내 들여다본다. 약간 자랑스러운 듯이. 여자를 깔보지는 않아도, 알 수 없는 동물이라고 여기고 있다.

책을 모으고, 미라를 구경하러 다닌다.

정치는 경멸하고 있다. 그 경멸이 실은 강한 관심과 아버지 일 때문에 그런 모양으로 나타난 것인 줄은 알고 있다. 다음에, 부채의 안쪽 좀더 좁은 너비에, 바다가 보이는 분지가 있다. 거기서 보면 갈매기가 날고 있다. 윤애에게 말하고 있다. 윤애 날 믿어줘. 알몸으로 날 믿어줘. 고기 썩는 냄새가 역한 배 안에서 물결에 흔들리다가 깜빡 잠든 사이에, 유토피아의 꿈을 꾸고 있는 그 자신이 있다. 조선인 꼴호즈 숙소의 창에서 불타는 저녁놀의 힘을 부러운 듯이 바라보고 있는 그도 있다. 구겨진 바바리코트 속에 시래기처럼 바랜 심장을 안고 은혜가 기다리는 하숙으로 돌아가고 있는 9월의 어느 저녁이 있다. 도어에 뒤통수를 부딪치면서 악마도 되지 못한 자기를 언제까지나 웃고 있는 그가 있다. 그의 삶의 터는 부채꼴, 넓은 데서 점점 안으로 오므라들고 있었다. 마지막으로 은혜와 둘이 안고 뒹굴던 동굴이 그 부채꼴 위에 있다. 사람이 안고 뒹구는 목숨의 꿈이 다르지 않느니. 어디선가 그런 소리도 들렸다. 그는 지금, 부채의 사북자리에 서 있다. 삶의 광장은 좁아지다 못해 끝내 그의 두 발바닥이 차지하는 넓이가 되고 말았다. 자 이제는? 모르는 나라, 아무도 자기를 알 리 없는 먼 나라로 가서, 전혀 새사람이 되기 위해 이 배를 탔다. 사람은, 모르는 사람들 사이에서는, 자기 성격까지도 마음대로 골라잡을 수도 있다고 믿는다. 성격을 골라잡다니! 모든 일이 잘 될 터이었다. 다만 한 가지만 없었다면. 그는 두 마리 새들을 방금까지 알아보지 못한 것이었다. 무덤 속에서 몸을 푼 한 여자의 용기를, 그리고 마침내 그를 찾아내고야 만 그들의 사랑을.

돌아서서 마스트를 올려다본다. 그들은 보이지 않는다. 바다를 본다. 큰 새와 꼬마 새는 바다를 향하여 미끄러지듯 내려오고 있다. 바다. 그녀들이 마음껏 날아다니는 광장을 명준은 처음 알아본다. 부채꼴 사북까지 뒷걸음질친 그는 지금 핑그르 뒤로 돌아선다. 제정신이 든 눈에 비친 푸른 광장이 거기 있다.

자기가 무엇에 홀려 있음을 깨닫는다. 그 넉넉한 뱃길에 여태껏 알아보지 못하

> 고, 숨바꼭질을 하고, 피하려 하고 총으로 쏘려고까지 한 일을 생각하면, 무엇에 씌웠던 게 틀림없다. 큰일 날 뻔했다. 큰 새 작은 새는 좋아서 미칠 듯이, 물 속에 가라앉을 듯, 탁 스치고 지나가는가 하면, 되돌아오면서, 그렇다고 한다. 무덤을 이기고 온, 못 잊을 고운 각시들이, 손짓해 부른다. 내 딸아. 비로소 마음이 놓인다. 옛날, 어느 벌판에서 겪은 신내림이, 문득 떠오른다. 그러자, 언젠가 전에, 이렇게 이 배를 타고가다가, 그 벌판을 지금처럼 떠올린 일이, 그리고 딸을 부르던 일이, 이렇게 마음이 놓이던 일이 떠올랐다. 거울 속에 비친 남자는 활짝 웃고 있다.
>
> — 최인훈, 『광장』, 문학과 지성사, 207~209쪽

과제 3. 이명준의 최후에 대해 옹호 혹은 비판의 관점을 택하여 토론해 보자.

| 비평적 글쓰기 |

- 이명준의 최후에 대한 자신의 관점을 중심으로 『광장』에 대한 비평적 에세이를 써 보시오.
- 우리나라의 분단 현실에 대한 사회적 이슈를 하나 잡고, 이에 대한 비평적 에세이를 써보시오.

●글쓰기 가이드 : 비평적 에세이 쓰기

에세이는 장르적 장벽이 낮고 비교적 짧은 글로도 한 편의 글이 되는 특성 덕분에 다양한 수준과 계층의 사람들에게 친숙하게 받아들여진다. 즉 이것은 문학과 비문학의 경계를 넘나들면서 창작 교육의 측면에서 시, 소설, 희곡과 같은 중심 장르를 배제함으로써 상대적으로 약화된 문학적 욕구를 표출할 수 있는 전략적 장르이다. 이렇듯 에세이가 문학과 비문학의 연속성 위에 존재한다는 사실은, 역설적으로 비문학과 문학의 엄격한 구별 없이 자연스럽게 글쓰기를 가르칠 수 있다는 이점으로 활용되고 있는 것이다.

에세이는 대표적으로, 자기 체험이 강조되는 '생활 에세이'와 대상에 대한 비판적 관

점이 강조되는 '비평적 에세이'를 들 수 있는데, 여기서는 비평적 에세이에 대해 설명해 보도록 한다. 비평적 에세이는 자기 체험에만 근거한 신변잡기로서의 에세이가 아닌, 사회생활의 다양한 국면에 관심을 갖는, 그리고 다양한 텍스트를 읽고 쓰는 것이라 할 수 있다. 비평적 에세이에는 문화비평(문예비평), 사회비평, 인물비평 등 그 내용에 따라 여러 종류가 있는데, 이 중 많이 쓰이는 것은 문화비평(문예비평)과 사회비평이다.

최근 영화나 만화, 대중소설(환타지소설, 탐정소설), 게임서사 등 대중문화가 '비평'이라는 고급 담론의 영역 속에 거침없이 들어오고 있는데, 이러한 것들을 문화비평(문예비평)의 범주에 넣을 수 있다. 그런가 하면 이런 문화비평과는 달리 사회비평은 좀더 냉철하고 객관적인 시각이 필요한 것으로, 흔히 사회적 이슈를 찾아내 의제(議題/agenda)로 만들거나 이미 의제화되어 논쟁 중인 것에 대해 어떤 방향의 여론 형성을 유도하는 목적을 갖는다.

이러한 비평적 에세이는 에세이의 개념이 그렇듯이 정해진 작법은 없다. 그러나 대체로 다음과 같은 순서로 씌어진다. 우선 다루고자 하는 대상을 밝히고 이에 대해 주의를 환기한다(도입). 다음으로 대상을 자신의 관점으로 분석하고 해석한다(전개). 그리고 마지막으로 이 같은 분석이 지니는 의의와 전망, 한계를 밝히며 마무리한다.

다음에는 외국인 노동자 문제와 관련된 사회비평을 하나 소개한다.

> '손배 가압류' 조치의 잔인성과 비정규직 차별의 부당성에 항의하는 노동자들의 치열한 투쟁이 계속되는 가운데 이번에는 소위 불법체류 외국인 노동자들이 혹독한 수난을 당하고 있다. 지난(2003년-인용자 주) 8월 17일 정부는 '외국인 근로자의 고용 등에 관한 법률'을 공포하면서 이 법에 의해 22만 7천여 명의 불법체류 외국인들에게 합법적인 체류 자격을 주기로 했다고 크게 선심을 베푸는 듯이 발표하였다.
>
> 그러나 이 법은 합법화 신청을 할 수 있는 외국인의 체류 기간을 까다롭게 규정하고 있을 뿐더러 그들이 취업할 수 있는 업종도 엄격하게 제한하였다. 간단히 말하면 한국인이 취업을 기피하는 거칠고 힘든 일자리만 외국인에게 허용하되, 그들이 이 땅에 영구히 정착할 꿈을 꾸지 못하도록 일정 기간 부려먹고 내쫓겠다는 것이 그 법의 진정한 의도이다. 그 결과 지난 3월 말 현재 3년 이상 체류자와 그 후

새로 생긴 불법 체류자 등 15만 명 정도는 자진 출국하거나 잠복하는 길을 택하였고, 심지어 몇 사람은 스스로 목숨을 끊기까지 하였다.

나는 우리나라에서 일하고 있는 외국인 노동자들이 내국인과 동등한 법적 지위를 갖는 것이 옳은지 그른지, 또 그들의 존재가 우리 경제에 어떤 긍정적 역할 내지 부정적 효과를 발휘하는지 제대로 거론할 만한 식견을 가지고 있지 못하다. 그러나 전문가가 아니기 때문에 오히려 어떤 근본적인 문제점을 제기할 수 있다고 생각하여 몇 가지 지적하고자 한다.

당연한 얘기지만 모든 생물은 먹이가 있는 곳으로 몸을 움직이게 마련이다. 따라서 돈벌이가 되는 곳으로 사람이 모여드는 것은 자연의 법칙이다. 그런 점에서 1960년대 후반부터 오늘날까지 지속되고 있는 농촌 붕괴와 중앙 집중–도시 과밀화는 국가 목표로서의 산업화 정책의 필연적인 결과이다.

더 거슬러 올라가면 19세기 말부터 우리 동포들은 굶주림을 벗어나기 위해 중국과 러시아로, 일본과 아메리카로 삶의 터전을 옮겼다. 현재 6백만 명에 이르는 해외 한민족의 숫자는 유태인을 제외하면 인구 비율상 세계 제일이라고 한다. 최근 15년간 주로 동남아인들 40여만 명이 한국으로 노동 이주를 한 것은 우리 민족의 해외 이주와 비교가 되지 않는다. 그렇다면 과연 우리에게 외국인 노동자를 억압하고 추방할 권리가 있는가.

그런데 험한 일에 종사하던 숙련된 외국인 노동자들이 출국 · 잠복함으로써 중소기업 사업장은 지금 심각한 타격을 받게 되었다고 아우성이다. 그러나 다른 한편에서는 직장을 구하지 못한 수십만의 청년실업자들이 거리를 배회하며 범죄와 타락의 유혹에 노출되고 있다. 대체 왜 이런 모순된 현상이 발생하는가.

한마디로 이것은 우리나라에서 노동이 천시되고 차별 당하고 있음을 입증한다. 빈곤의 세습이 제도화되어 가고 그것을 벗어나는 유일한 길이 교육이라고 인식되는 현실에서 대졸 실업은 우리 사회의 구조적 모순을 압축적으로 보여준다.

내 생각에 근본적인 문제는 재화의 생산과 분배가 지역적으로 불균등하고 사회적으로 불평등한 데에 있는 것 같다. 한 나라 안에서 그럴 뿐만 아니라 국제적으로도 그렇다. 가령 미국은 타의 추종을 불허하는 부유국이고 자원의 소비국가로서 외국인 노동자에게 최고의 선망 대상이지만, 동시에 내부적 소득 격차가 가장 심각한 나라일 것이다. 그러나 중요한 것은 이러한 불평등 자체가 자본주의 체제의 작동을 위한 불가결한 동력이라는 사실일 것이다.

지금 초국적 자본과 강대국들, 즉 세계의 지배집단들은 자본과 상품의 자유로운 이동이 완벽하게 보장되는 국제질서를 만들어내기 위해 동분서주하고 있다. '세계화' 라는 기만적 이름으로 불리는 이 수탈 체제에 대항하기 위해서는 노동력의 자유로운 이동 또한 보장되어야 한다.

외국인 노동자의 체류와 취업을 제한하고 금지하는 것은 인류가 지구상에 등장한 이후 끊임없이 계속된 이주의 관행을 거역하는 것이며 인간의 기본적 생존권을 부인하는 것이다. 따뜻한 곳을 찾아, 사냥감이 많은 곳을 찾아 바다를 건너고 대륙을 가로질렀던 기억은 인간의 두뇌에 생생하게 각인되어 있다. (염무웅, 외국인 노동자 쫓을 권리 있나)

◖ 함께 읽기 좋은 자료 ◗

최인훈, 『회색인』

최인훈, 『화두』

이청준, 『당신들의 천국』

김윤식, 『한국현대문학사』

6 『멋진 신세계』를 읽고 쓰다

| 학습 목표 |

- 작품의 주제를 파악하고 인물과 사건의 전개를 자신의 언어로 표현한다.
- 토론을 통하여 작품의 심층적 의미를 찾고 그것의 현재적 의의를 생각해 본다.
- 감상문과 논술문 작성을 연습한다.

| 해제와 저자 소개 |

●해제

『멋진 신세계』(1932)에는 발달한 과학문명 즉, 기계 문명에 의해 만들어진, 멋진 신세계가 등장한다. 말 그대로 사회적 안정과 개인의 행복을 철저하게 보장하는 유토피아이다. 그 안에서 사람들은 모두 행복해 한다. 그렇다면 무엇이 문제인가? 사람이 살아가는 데 안정과 행복 그밖에 무엇이 더 필요할까? 문제의 핵심은 타인에 의해 인위적으로 만들어진 행복과 안정이 우리가 진정으로 원하는 것이냐이다. 다시 말해 '진정한 자아를 희생한 대가로 얻은 안정과 행복이' 혹은 '자유로부터 도피하여 얻은 안정과 행복이' 우리가 진정으로 원하는 것이냐이다. 헉슬리는 고뇌하는 세 인물을 통해 이 문제에 대답한다. 첫째 인물이 버나드다. 그는 "다른 방법으로 행복할 수 있는 자유를 원하지 않습니까? 예컨대 당신 자신만의 방법으로 말입니다. 타인들과 같은 방법이 아닌 방법으로 말입니다."라고 하여 자유로부터 도피가 아닌 진정한 자유를 통한 행복을 추구하는 인물이다. 둘째 인물은 감정공학대학(창작과) 강사인 왓슨이다. 그는 "아무 내용도 없는 것에 관해 무엇을 쓸 수 있단 말인가?"라고 하여 진정 자기 내면의 목소리를 표현하고자 하는 인물이다. 셋째 인물은 신세계의 외곽 보호구역에서 태어나고 자란 야만인 세비지이다. 소설의 마지막에서 그는 신세계의 총통에게 '아니오.'라고 당당하게 말한다. "저는 불편한 것을 좋아합니다. 저는 안락을 원하지 않습니다. 저는 신을 원합니다. 시와 진정한 위험과 자유와 선을 원합니다. 저는 죄를 원합니다."라고 외친다. 총통이 "그러니까 자네는 불행해질 권리를 요구하고 있군 그래."라고 묻는다. 존은 "그렇게 말씀하셔도 좋습니다. 저는 불행해질 권리를 요구합니다. 저는 그 모든 것을 요구합니다."라고 답한다. 이 장면을 통해 헉슬리가 이 작품 전체를 통해 하고 싶은 말이 드러난다. 인간에게는 행복과 안전보다 더 중요한 것이 있는데 그것은 자유라는 것이다. 설사 불안과 불행을 감내해야 한다하더라도 자신의 진정한 자아를 위해 자유로부터 도피하지 않고 현실을 용감히 직시하며 자신의 삶을 스스로 선택하고 실행해야 한다는 것이다. 한편 이 작품이 현대 기계 문명의 심각한 위험성을 지적하고 있다는 점에서 이 작품의 문명론적 가치를 인정하지 않을 수 없다. 그러나 논리적으로 파고들 때 헉슬리의 문명관이 비건설적이고 부정적인 염세주의라고 할 여지도 발견된다.

●저자 소개

올더스 헉슬리Aldous Leonard Huxley(1894~1963)는 『연애대위법戀愛對位法』(1928)을 필두로 일찍부터 우리나라에 알려진 영국의 소설가이자 평론가이다. 헉슬리 아버지는 차터하우스학교 부교장이었고, 조부는 저명한 동물학자 T.H.헉슬리이다. 시인 · 문예비평가인 M.아놀드, 종교와 사회문제를 대담한 소설로 묘사한 햄프리 워드 부인은 그 외척이고, 생물학자 J.S.헉슬리는 그의 형이다. 이러한 지적知的 환경 속에 태어난 그는 이튼학교를 졸업한 뒤 옥스퍼드대학에서 영문학을 배웠다. 이튼 시절에 거의 실명失明에 가까운 안질을 앓은 탓으로 당초에 마음먹었던 의학도의 길은 포기하였다. 1916년 시집 『불타는 수레바퀴』를 출판한 이래 몇 권의 시집도 냈으나, 그가 소설가로 일생을 보내기로 결심한 것은 소설 『크롬 옐로』(1921)가 인정을 받게 된 후부터였다. 이후 『어릿광대의 춤』(1923), 『하찮은 이야기』(1925), 『연애대위법戀愛對位法』(1928) 등의 작품을 통해 그는 20세기를 대표하는 작가가 되었다. 『멋진 신세계』(1932)를 기점으로 풍자소설가였던 그는 도덕론자로 전환하여 파괴적 회의주의자로부터 건설적 도덕가로 변신해 갔다. 『가자에서 눈이 멀어』(1936)를 후기 도덕가적 경향을 띤 최초의 작품으로 본다면, 이 『멋진 신세계』(1932)는 이 작가의 전기와 후기를 잇는 가교적이고 과도기적 성격을 띤 작품이다.

| 읽고 생각하기 |

독서 노트

읽기 요점

- 시 · 희곡과 구분되는 소설 읽기 방법을 생각하면서 읽는다.
- 이 작품이 어떤 면에서 진실한지 판단을 한다.
- 작가가 독자에게 행동하기를 요구하는 것이 있다면 그것이 무엇인지를 파악한다.

읽기 활동

❶ 작품의 주제 : 독자가 책을 읽은 때 가장 먼저 해야 할 일은 책의 대의大義 혹은 대맥大脈을 파악하는 것이다. 소설 작품의 경우는 플롯의 통일성이 무엇인지를 아는 일이다. 대의를 파악해야 그 작품의 세계 깊숙이 들어갈 수 있고 마침내 작품의 시적 진실詩的眞實과 만나게 된다. 대의 혹은 플롯의 통일성을 주제라 할 때 본 작품의 주제는 무엇인가? 이 질문에 대해 주제문의 형식으로 답해보시오.(개별 활동)

주제문 :

▶가이드 글 〈소설을 읽는 법〉

빨리 읽을 것. 그리고 작품에 몰입하여 읽는 데 열중할 것. 몰입한다는 것은 문학에다 몸과 마음을 맡기고 작품이 작용하는 대로 맡기는 것을 말한다. 자기가 완전히 작중 인물이 되어, 어떤 사건이든 순순히 받아들이는 것이다. 어떤 인물의 행동을 긍정할 수 없더라도, 자기의 세계를 떠나 그 사람의 세계에서 살려고 노력하면 마침내 이해할 수 있게 된다. 판단을 내리는 것은 자기가 완전히 그 세계의 인물이 되었을 때 해도 좋다.

빨리 읽지 않으면 이야기의 통일성을 놓치기 쉽다. 집중해서 읽지 않으면 세부細部가 눈에 들어오지 않는다. 인물이나 사건은 이야기의 '명사名辭' 에 해당하는 것이므로, 독자는 그러한 것을 잘 알아서 각각을 식별할 수 있도록 하지 않으면 안 된다.

다만, 여기서 한 가지 주의해두고 싶은 것이 있다. 예를 들면, 《전쟁과 평화》를 읽기 시작하면, 귀에 익지 않은 이름의 등장인물이 자꾸 나타나서 마음 약한 독자는 도중에 단념하고 말지도 모른다. 그렇지만, 마치 우리가 새로운 거리에 이사가거나 파티에서 많은 사람을 만났을 때와 같은 것으로서, 어떤 인물이나 모두 기억하려고 할 필요는 없다. 소설의 인물의 대다수는 다만 배경에 있으면서 주요 인물의 움직임을 돕고 있는 것이다. 《전쟁과 평화》를 다 읽을 무렵에는 누가 중요한 인물인지를 알며 잊지 않게 된다. 피에르, 안드레이, 나타샤, 마리, 니콜라이 등의 이름은 다 읽고 난 훨씬 뒤까지도 언제나 기억에 떠오를 것이다.

또, 사건이 아무리 뒤얽혀 있더라도 중요한 것은 마침내 알게 된다. 여기에서 저자의 조력도 크다. 저자는 플롯의 전개에 빠져서는 안 될 사건을 독자가 놓치는 일이 없도록 여러 가지로 궁리를 짜놓는다. 중요한 것은, 가령 이야기의 발단에서 모든 것이 분명하지 않더라도 독자는 걱정할 필요가 없다는 것이다. 실제로 처음부터 분명해서는 안 된다. 소설은 인생과 같은 것이다. 우리는 실제의 인생에서 일어나는 사건을 모두 명료하게 이해할 수 있다고 생각하고 있지는 않다. 다만 과거로서 되돌아보았을 때 비로소 이해할 수 있다. 마찬가지로, 독자도 소설을 다 읽고 나서 되돌아보았을 때 비로소 사건의 관련과 행동의 질서를 이해하는 것이다.

– J. 애들러, 閔丙德 역, 『독서의 기술』, 범우사, 1999, 180~181쪽

❷ 작품의 줄거리 : 작품에 등장하는 모든 인물의 관계를 8절지 도화지 위에 마인드맵으로 나타내고 발표하는 활동을 조별로 수행해 보시오. 이야기는 인물과 인물의 만남을 통해 사람과 사람의 사회적 관계와 한 개인의 운명을 들려준다. 혹은 관계와 운명에 대한 인생의 파노라마를 들려준다. 이야기 내 등장인물의 관계도를 나타내고 이를 표현하는 것은 사람과 사람의 관계, 한 개인의 운명, 그리고 인생의 파노라마를 자기화하여 자기의 언어로 나타내는 것이 된다. 작품 내용을 이렇게 자기의 언어로 표현할 수 있을 때 분명 진전된 독서가 이루어졌다고 할 수 있다. 왜냐하면

작품의 내용이 자기의 언어로 표현된다는 것은 작품의 내용이 자기화 되었을 때 가능하기 때문이다.

▶마인드맵의 정의

마인드맵은 방사사고를 표현한 것이다. 그러므로 인간 마음의 자연적 기능이다. 또한 그것은 잠겨 있는 두뇌의 잠재력으로 들어갈 수 있는 만능열쇠를 제공하는 강력한 그래픽 기술이다. 마인드맵은 실생활의 모든 면에 적용할 수 있고, 학습을 향상시키고 사고를 명료하게 하여 인간 활동의 질을 높여줄 것이다. 마인드맵은 다음과 같은 4가지 중요한 특징을 지니고 있다.

a) 주의를 집중할 주제는 중심이미지에 구체화된다.

b) 주제에 대한 주요 테마는 중심이미지에서 나뭇가지처럼 방사상으로 뻗어나간다.

c) 연상결합으로 연결된 가지 위에 키이미지나 키워드를 올린다. 이때 덜 중요한 주제는 상위 가지에 하위 가지로 연결하여 표현한다. 즉, 중요도에 따라 상위 가지와 하위 가지로 구분하여 연결한다.

d) 가지는 마디가 서로 연결되어 있는 구조를 취한다.

— 토니 부잔 · 배리 부잔, 권봉중 옮김,
『토니 부잔의 마인드맵 북』, 비즈니스맵, 2010, 74~75쪽

❸ 작품의 의미(1) : 불안의 시대를 사는 현대인은 안정을 얻기 위해 진정한 자아를 포기하거나 자유로부터 도피하려한다. 그리고는 '타인을 절대 지배하는 자', '절대 권력에 완전히 순응하는 자', '지하생활자로 은둔하는 자' 등의 거짓 가면을 쓴다. 그 결과 현대인은 불안으로부터 자아가 상처 받는 것은 피할 수 있게 되었으나 자기완성 혹은 자아실현이라는 삶의 목표를 잃어버리게 되었다. 이러한 사실을 염두에 두고 『멋진 신세계』 작품의 등장인물 유형을 나누면 아래 표와 같다. 아래 표에 해당하는 인물의 이름을 써보시오.

인물 유형		등장인물 이름	비고
거짓 가면	절대 지배자		A유형
	권력 순응자		A′유형
진정한 자아	자아실현 추구자		B유형

❹ 작품의 의미(2) : 각 인물 유형의 관계를 중심으로 갈등의 원인, 결과, 그리고 의미에 대해서 생각해보자.

	갈등(공생)의 원인	갈등(공생)의 결과	유토피아의 관점에서 본 갈등(공생)의 의미
A – A′의 관계			
A – B의 관계			
A′ – B의 관계			

❺ 작품의 의의 : 『멋진 신세계』를 읽고 독자가 어떤 행동을 일으켜야 되겠다고 생각했다면, 거기에는 그러한 감정을 낳는 작가의 논술이 잠재해 있었다고 자문해 보는 것이 좋다. '기계 문명' 과 관련하여 작가 헉슬리가 우리에게 어떤 행동을 일으키기를 요구한 것이 있다면 그것은 무엇이겠는가 350자로 써보시오.(50±)

| 토론하기 |

현대 사회는 과학 기술 문명(기계 문명)에 기초하고 있다. 그런데 과학 기술의 발전이 인간에게 행복을 보장해 주는지에 대해서는 입장에 따라 다르다. 과학 기술에 대해 긍정적으로 생각하느냐 부정적으로 생각하느냐에 따라 차이가 나기 때문이다. 토론의 진행을 위해 전자를 '과학 기술 낙관론의 입장' 이라 하고 후자를 '과학 기술 비판론의 입장' 이라 명명한다.

- 토론주제 : "과학 기술은 인류를 행복으로 이끈다."
- 토론방법 : 교차조사 토론 형식 Cross Examination Debate Association

  A. 찬성 측 : '과학 기술 낙관론의 입장' (2명이 한 팀 구성)

  B. 반대 측 : '과학 기술 비판론의 입장' (2명이 한 팀 구성)

☞ 교차조사 방식 토론 진행 순서

구분	순서	내용	시간
A. 각 측 주장 및 질의응답	1	찬성 측 첫 번째 토론자의 입론 (찬성1)	4분
	2	반대 측 두 번째 토론자의 교차조사 (반대2)	2분
	3	반대 측 첫 번째 토론자의 입론 (반대1)	4분
	4	찬성 측 첫 번째 토론자의 교차조사 (찬성1)	2분
	5	찬성 측 두 번째 토론자의 입론 (찬성2)	4분
	6	반대 측 첫 번째 토론자의 교차조사 (반대1)	2분
	7	반대 측 두 번째 토론자의 입론 (반대2)	4분
	8	찬성 측 두 번째 토론자의 교차조사 (찬성2)	2분
B. 반박	9	반대 측 첫 번째 토론자의 반박 (반대1)	2분
	10	찬성 측 첫 번째 토론자의 반박 (찬성1)	2분
	11	반대 측 두 번째 토론자의 반박 (반대2)	2분
	12	찬성 측 두 번째 토론자의 반박 (찬성2)	2분
	작전타임	긍정측, 부정측 팀당 5분 혹은 4분	

미국 CEDA협회 교차조사 방식 토론 진행 순서
시간은 75분 수업에 맞게 조정한 것임

☞ 교차조사 방식 토론 채점표(총120점)

찬성팀 :	찬성1	
	찬성2	
반대팀 :	반대1	
	반대2	

토론순서	점수(10점)	특이사항
찬성 측 첫 번째 토론자의 입론(찬성1)		

반대 측 두 번째 토론자의 교차조사(반대2)		
반대 측 첫 번째 토론자의 입론 (반대1)		
찬성 측 첫 번째 토론자의 교차조사 (찬성1)		
찬성 측 두 번째 토론자의 입론 (찬성2)		
반대 측 첫 번째 토론자의 교차조사 (반대1)		
반대 측 두 번째 토론자의 입론 (반대2)		
찬성 측 두 번째 토론자의 교차조사 (찬성2)		
반대 측 첫 번째 토론자의 반박 (반대1)		
찬성 측 첫 번째 토론자의 반박 (찬성1)		
반대 측 두 번째 토론자의 반박 (반대2)		
찬성 측 두 번째 토론자의 반박 (찬성2)		

	팀원 최종점수	팀 최종점수
찬성팀 :	찬성1 :	
	찬성2 :	
반대팀 :	반대1 :	
	반대2 :	

년 월 일 심사위원 : 인

| 감상문과 논술문 쓰기 |

(1) 다음 항목의 순서에 따라 『멋진 신세계』에 대한 독서 감상문을 1500자로 써보시오.(±200자)

1. 작품/작자/전체적 인상
2. 작품의 줄거리
3. 작중 인물의 감상
4. 작품에 묘사된 인생 · 사회에의 감상
5. 주제에 대한 감상
6. 감상문을 쓰고 난 뒤의 느낌

– 서론 : 1과 2가 한 단락이 되게 함
– 본론 : 3과 4, 그리고 5가 두 단락이 되게 함
– 결론 : 6이 한 단락이 되게 함

(2) 다음은 정신적 측면에서 본 유토피아의 조건에 대한 물음이다. 논제에 따라 제시문을 읽고 1500자로 논술해 보시오.(±200자)

① 논제

제시문 (가)의 관점과 유사한 내용을 담은 제시문을 (나) – (라)에서 고르고, 선택하지 않은 다른 제시문을 비판해 보시오.

② 제시문

(가)

어느 날 한 어부가 고기를 잡기 위해 강을 거슬러 올라갔다. 한참을 가다 보니 물 위로 복숭아 꽃잎이 떠내려 오는데, 향기롭기 그지없었다. 향기에 취해 꽃잎을 따라가다 보니 문득 앞에 커다란 산이 가로막고 있었다. 산의 양쪽으로 복숭아꽃이 만발해 있었다. 수백 보에 걸치는 거리를 복숭아꽃이 춤추며 나는 가운데 자세히 보니 계곡 밑으로 작은 동굴이 뚫려 있었다. 그 동굴은 어른 한 명이 겨우 들어갈 정도의 크기였다. 안으로 들어갔다. 가면 갈수록 동굴의 폭이 조금씩 넓어지더니, 별안간 확 트인 밝은 세상이 나타났다. 그 곳에는 끝없이 너른 땅과 기름진 논밭, 풍요로운 마을과 뽕나무, 대나무밭 등이 있었다. 이세상 어느 곳에서도 볼 수 없는 아름다운 풍경이었다. 어부가 두리번 거리며 사방을 둘러보자, 그 곳 사람들이 다가왔다. 그들은 이 세상 사람들과는 다른 옷을 입고 있었으며, 얼굴에 미소를 띠고 있었다.

– 도연명, 『도연명전집』 〈도화원기桃花源記〉

(나)

유토피아인들은 어디에 가든지 항상 일을 해야 하고 시간을 낭비할 수도 없으며 게으름을 피울 아무런 핑계도 찾을 수가 없습니다. 술집도, 생맥주집도, 매음굴도, 타락할 기회도, 밀회할 수 있는 장소도 없으며, 모든 사람이 지켜보고 있기 때문에 실제로 자기의 일만 열심히 할 수밖에 없고, 여가도 선용하지 않을 수 없습니다. 이러한 제도 하에서는, 즉 모든 것이 공개될 수밖에 없는 상황 하에서는 어떤 물건이든지 풍족해야만 하고, 또 전 주민에게 모든 것이 균등하게 분배되기 때문에 가난한 자나 거지는 있을 수 없습니다. …… 의회에서는 그 해의 생산량을 자세히 조사하여 어떤 지역에는 어떤 생산물이 풍부하고 어디에서는 무엇이 부족하다는 것을 알아내어 균등한 분배가 이루어질 수 있도록 조치를 취합니다. 이러한 양도는 일방적인 조치로서 그 대가로 무엇을 요구하지는 않습니다. 그러나 실제로는 A시市가 B시에 보낸 무상의 선물은 C시로부터 받은 무상의 선물로 보충됩니다. 그러므로 섬 전체가 마치 하나의 대가족과 같습니다.

— 토마스 모어, 『유토피아』

(다)

하루 해 뉘엿한데 띠집에 취해 누워
우연히 갑작스레 한 꿈을 꾸었지.
우뚝이 솟은 산이 눈앞에 보이더니
아지랑이 푸른 안개 한없이 이어졌네.
천지를 압도할 듯 장쾌하기 짝이 없어
늘어선 뭇산은 항아리를 엎어놓은 듯.
그 가운데 한 골짝이 구름 사이 열리는데
화양동 · 소유동은 비길 바가 아니었네.
해맑고도 빼어나며 높고도 그윽해라.
어지러이 온갖 경치 앞을 다퉈 펼쳐지네.
외론 학 훨훨 날아 푸른 구름 위로 드니
그윽한 홍 어느새 구름 향해 움직이네.
천 길 나는 폭포 깊은 못에 떨어지니
부딪히며 돌을 쳐서 바위 움푹 패였구나.
초연히 홀로 걸으니 두 다리 가벼웁고
정신 맑고 뼈도 서늘 마음은 제멋대로.
한 사람이 날 따르며 단사丹砂를 건네주며
이것을 드시오면 하늘을 난다 하네.
바람 타고 구만 리 장공에 훨훨 떨쳐 올라
인간 세상 굽어보니 먼지만 자욱쿠나.
인간의 천만 년을 고개 돌려 바라보다
깨고 보니 세상 일은 어찌 이리 바쁘더뇨.

— 김인후, 『하서집河西集』 〈몽유청학동夢遊青鶴洞〉

(라)

"하기는 물론." 하고 포스트가 말했다. "대개의 경우에 있어서 임신 능력이란 거추장스러운 장애물에 불과합니다. 1천 2백 개 중에 한 개의 생산적인 난자가 있으면 우리들의 목적을 충족시키기에 충분합니다. 그러나 우리들은 충분한 선택을 원하고 있습니다. 게다가 만일에 경우에 대비해서 안전을 기할 필요가 있습니다. 그렇기 때문에 우리들은 여성 태아 중에서 대략 30%에게는 정상적인 발육을 베풀어 줍니다. 그 외의 태아에게는 그 다음 코스를 통해서 24미터마다 남성 호르몬을 소량 주입시켜 줍니다. 그 결과 그들은 불임 여자로서 배양되는 것입니다. 구조적으로 보아도 전혀 정상적이죠. 다만." 하고 인정하지 않을 수 없었다. "약간 콧수염이 나는 수가 있습니다. 하지만 다른 모든 것은 정상이고, 임신만 되지 않습니다. 이 사실은." 하고 포스트는 말을 이었다. "우리들은 노예처럼 단순히 자연을 모방하는 것에서 벗어나, 이제야 영광스러운 인간의 발명이라는 훨씬 흥미진진한 세계로 발을 들여놓게 되었다는 증거입니다."

그는 의기양양하게 양손을 비볐다. 단순히 태아를 부화시키는 것만으로는 그들은 만족하지 않았기 때문이다. 그런 것쯤은 암소라도 할 수 있는 게 아닌가?

"우리들은 또한 미리 예정하며 습성 훈련도 합니다. 우리들은 유아를 배양시켜서, 사회화된 성인으로 만들 것이며, 또한 알파alpha나 엡실론epsilon으로 만들어 미래의 하수도 공사부도 만들 것이며, 혹은 미래의……." 그는 여기서, '미래의 세계 총재도 만들 것이며' 라고 말하려고 했던 것을 변경하여, '미래의 인공부화 국장 각하도 만들 것입니다." 라고 했다.

— 올더스 헉슬리, 『멋진 신세계』

◖ 함께 읽기 좋은 자료 ◗

죠지 오웰, 《1984년》

예브게니 이바노비치 쟈마찐, 《우리들》

에리히 프롬, 《자유로부터의 도피》

7 『나의 생애와 사상』을 읽고 쓰다

| 학습 목표 |

- 《나의 생애와 사상》을 읽고 슈바이처의 삶과 정신을 이해한다.
- 성찰적 글쓰기를 통하여 삶의 의미를 반추하고 대안적 삶을 모색해 본다.

| 해제와 저자 소개 |

●해제

『나의 생애와 사상』을 통해 슈바이처는 자기의 내적 발전 과정을 소상하고 꾸밈없이 우리에게 보여주고 있다. 그의 학문적인 견해, 독특한 개성 등은 우리에게 존경심을 일으키게 한다. 그는 예술과 학문의 분야에서 다양한 업적과 명성을 쌓아 올렸음에도 그 업적과 명성을 뒤로하고 아프리카 의료 봉사활동을 시작하고자 새로이 의학을 공부했다. 그것은 아마도 그가 내면적으로나 실천적으로나 기독교적인 우애의 가치를 중시했기 때문일 것이다. 그렇기에 그는 어떤 특별한 단체나 이데올로기에 자신을 함몰시키지 않고 우애의 가치를 발현하고 확장하는 이를테면 넓게 보아 세계의 평화에 이바지하는 자신의 길을 지속적으로 추구할 수 있었던 것으로 보인다. 우리는 슈바이처 자신의 생애에 대한 간결하고 겸손한 자기평가인 『나의 생애와 사상』을 통해 오롯이 성실하고 진실되게 자신의 가치인 인류에 대한 봉사를 실천한 한 의인을 볼 수 있을 것이다. 또한 개방적이고 허식과 편견이 없는 다정다감한 한 인간, 그리고 미래를 향해 약동해나가는 하나의 생명으로서의 슈바이처를 만나게 될 것이다.

●저자 소개

슈바이처는 1875년 1월 14일 알자스 카이저스베르크Kaisersberg에서 출생하였다. 어린 시절부터 음악에 재능을 보여 피아노 연주에 능했으며 그가 다니던 귄스바흐 교회 파이프 오르간을 연주하였다. 1894년 스트라스부르크대학교에 입학하여 신학과 철학을 공부했고 졸업 후에는 파리와 베를린에서 칸트의 종교 철학에 관한 연구로 철학박사 학위를 취득하였다. 파리 유학시절에는 유명한 오르간 연주자인 찰스 마리 위도와 친분을 쌓았으며 그로부터 많은 영향을 받았다. 1893년부터는 파이프오르간 연주가로 활약하였고 파이프 오르간 구조에 대한 논문을 집필하였다. 1905년 프랑스 선교단의 보고서를 통해 아프리카의 흑인들이 의사가 없어 고통을 당한다는 사실을 알고, 모교 의학부에서 의학을 공부한 후 1913년 의학박사가 되었다. 그해 사회 활동가였던 헬레네 브레슬라우와 결혼하였고 아내와 함께 프랑스령 적도아프리카로 건너갔다. 그는 가봉 오고웨 강변의 랑바레네Lambarene에 정착하여 의료 봉사활동을 전개하였다. 아프리카에서 의료봉사 활동은 그의 예상보다 많은 비용이 필요했으며, 그는 주변의 지인들에게 도움을 요청하였지만 그의 어려움이 완전히 해소되지는 못했다. 1914년 제1차 세계대전이 일어나자 가봉 랑바레네는 프랑스령이 되었고 독일 국적의 슈바이처는 의료봉사 활동을 중단하게 되었다. 1917년 프랑스군 전쟁 포로가 되어 프랑스 수용소에 감금되었다가 독일로 송환되었다. 제2차 세계대전 중에도 유럽으로 돌아가지 않고 아프리카에서 전도와 진료에 전념하였는데, 1924년 아프리카로 건너갈 무렵부터 그는 '세계의 위인', '인도人道의 전사', '원시림의 성자' 등으로 불리며 세인의 존경을 받았다. 1928년에는 괴테상賞을 수상하고, 1951년에 아카데미프랑세즈의 회원이 되었으며, 1952년에는 노벨평화상을 수상하였는데, 그는 노벨상의 상금으로 나환자촌癩患者村을 세웠다. 1960년에 프랑스령 적도아프리카가 독립하여 세워진 가봉공화국은 감사의 뜻으로 적도성십자훈장赤道星十字勳章을 수여하였다. 그는 90세의 생일이 지난 후부터 건강이 나빠졌고 1965년 9월 4일 아프리카

랑바레네에서 전세계인의 애도 속에 사망하였다. 그는 신학자로서는 종말론적 요소를 강조하였고, 철학가로서는 칸트를 연구하였으며, 독자적인 윤리관인 '생명의 경외'를 주장하였다. 음악가로서는 뛰어난 오르간 연주가였을 뿐만 아니라 오르간 개량에 있어서도 큰 업적을 남겼다.

| 읽고 생각하기 |

독서 노트

읽기 요점

- 슈바이처가 아프리카로 의료 봉사활동을 떠날 때 직면한 어려움은 무엇인가?
- 슈바이처의 삶을 말해주는 핵심 개념 세 개를 찾아보라?
- 슈바이처의 생애에서 이루어진 자기완성 과정은 어떠한가?

읽기 활동

❶ 슈바이처가 원시림의 의사가 되기로 결심했을 때, 그가 직면한 어려움은 무엇이며, 그 어려움을 어떻게 헤쳐 나갔는지 아래의 글을 참조하여 이야기해 보시오. 아울러 이 경우에 해당하는 자신의 경험을 동료들과 함께 나누면서 슈바이처의 문제 해결 과정과 비교해 보시오.

몇 개월 후, 서른 번째 생일을 맞이했는데 나는 탑을 세우기에 앞서 "이 일에 드는 비용을 감당할 수 있는지 없는지" 헤아려본다는 비유 속에 나오는 사람처럼 그날을 보냈다. 결국 나는 순수한 인류 봉사의 계획을 앞으로 적도 아프리카에서 실현하기로 결심했다.

나는 이 계획을 친한 친구 한 사람에게만 알렸다. 그러나 파리에서 보낸 편지로 이 계획이 알려지자 나는 친척 및 친구들과 격렬한 투쟁을 하지 않으면 안 되었다. 그들은 그 계획 자체보다 사전에 자기들과 의논하지 않았다고 비난을 했다. 이러한 부차적인 문제를 가지고 그들은 몇 주일 동안이나 나를 못살게 굴었다. 신학과 친구들이 특히 심했는데 그건 정말 어울리지 않는 일이었다. 그들은 모두 「갈라디아서」에 있는 사도 바울의 말씀에 따라, 그가 예수를 위해 일하려 했을 때 먼저 혈육과 의논하지 아니한 사실에 대해 아름다운, 정말 아름다운 설교를 해온 사람들이 아니던가!

친척과 친구들이 합세하여 어리석은 계획이라고 비난했다. 그들은 나를 보고 타고난 재능은 썩히고 타고나지도 않은 재능을 활용해보려는 사람이라고 말했다.

야만인들 사이에서의 활동은 그로 인하여 학문과 예술 분야에 있어서의 재능을 썩히는 일이 없는 그런 사람들에게 맡겨야 한다는 것이었다. 나를 자식처럼 사랑해주던 위도르는 총을 가지고 방어선으로 뛰어들려는 장군과 같은 사람이라고 꾸짖었다. 현재 정신으로 충만해 있는 어떤 부인은 내가 계획하고 있는 활동보다도 원주민들이 의료 지원을 필요로 한다는 사정에 관해 강연을 하면 더 많은 일을 할 수 있을 것이라고 일러주었다. "태초에 행동이 있었다."는 『파우스트』에서의 괴테의 말은 현대에 와서는 통하지 않으며, 현대에 와서는 선전이 사건의 어머니라는 것이었다.

— 알베르트 슈바이처 지음, 천병희 옮김, 『나의 생애와 사상』, 문예출판사, 115~116쪽

❷ 『나의 생애와 사상』에 나타난 슈바이처의 자기실현의 이력을 아래 표에 따라 작성해 보시오.(조별 활동)

	슈바이처의 자기실현의 이력			
	주요 사건	사건의 해결 과정	사건 해결의 결과	해결 결과가 미래의 삶에 미친 영향
10대				
20대				
30대				
40대				
50대				
60대 이후				

슈바이처의 삶이 우리에게 주는 의미는 무엇인가?	

| 성찰적 글쓰기 |

❶ 나의 생애 이력 만들기

	나의 자기실현 이력			
	주요 사건	사건의 해결 과정	사건 해결의 결과	해결 결과가 삶에 미친 영향
유년시절				
초등학생				
중학생				
고등학생				
나의 삶을 나타내는 핵심 개념 세 개				
내 삶에서 반드시 해결하고 싶은 문제가 있다면 그것은 무엇인가?				

❷ 대안의 이야기Alternative Story : 위에서 제기한 “내 삶에서 반드시 해결하고 싶은 문제가 있다면 그것은 무엇인가?” 에 대한 물음을 “내 삶에서 반드시 해결하고 싶은 문제가 있다면 그것을 어떻게 해결할 것인가?” 로 바꾸어 보자. 이 물음에 대한 답으로 먼저 그 문제problem를 나와 분리하자. 문제를 분리한 다음 그 문제를 해결하는 허구적 이야기를 써보자. 물론 이 이야기의 주인공은 나여야 한다. 그리고 구성은 ‘문제 – 문제해결 과정 – 문제 해결 – 문제해결에 대한 논평’ 을 띠도록 하자. 분량은 상관없으며 다만 위에서 제시한 구성은 충족시켜야 한다.

❸ 소개서 쓰기 : 장차 입사하고자 하는 회사나 단체를 가정하고 그 회사나 단체에 지원할 자기 소개서를 1500자로 써보시오.(±200자)

▶가이드 글 : 자기소개서

서류전형으로 신입사원을 선발하는 회사에서는 이력서, 성적증명서와 더불어 대부분 자기 소개서의 제출을 요구한다. 또한 필기시험을 치르는 회사에서도 입사지원서에 자기 소개란을 두어 수험생에 대해 파악하고 있다. 기업측에서 이처럼 자기 소개서를 원하는 이유는, 자기 소개서를 통하여 자기표현 능력이나 문장력을 평가할 수 있을 뿐만 아니라, 입사지원서나 이력서만으로는 알 수 없는 내용들을 파악할 수 있기 때문이다. 일반적으로 회사에서 자기 소개서를 통하여 파악하고자 하는 내용을 요약하면 다음과 같다.

- 입사지원 동기와 장래성을 알아보고 입사 후에 어떠한 자세로 일에 임할 것인지를 파악한다.
- 자신의 생각이나 의견을 표현하는 능력과 문장력을 파악할 수 있으며, 글을 쓰는 태도에서 무심코 드러나는 성격까지 파악한다.
- 지원자의 가치관과 성격을 알고자 하며 개개인의 대인 관계나 직장에 대한 적응력, 성실성, 책임감, 창의성 등 여러 가지 면을 파악한다.

따라서 자기 소개서는 대단히 중요한 의미를 지니고 있다고 할 수 있다. 서류전형의 경우에는 자기 소개서가 당락에 큰 영향을 미치며, 필기시험을 치르는 경우에도 면접의 기초 자료가 됨을 유의해야 한다. 면접위원은 자기 소개서를 통하여 응시자에 대해 미리 호감을 가질 수도 있으며 혹은 좋지 않은 인상을 가질 수도 있는 것이다.

자기 소개서를 작성할 때 유의해야 할 사항을 정리하면 다음과 같다.

첫째, 과장은 피하고 솔직하게 쓰는 것이 중요하다. 자신의 모든 것을 뚜렷하게 부각시켜 표현하는 것은 좋으나 거짓으로서 그러한 효과를 노린다면 오히려 역효과를 불러일으키기 쉽다. 가정형편이 어려웠다든지 하는 것들을 부끄럽게 생각할 필요는 없고 오히려 그것을 극복하고 일어선 자신의 강한 의지를 보여주는 편이 좋다. 반대로 잘 보이기 위해서 거짓된 내용을 담아서는 안 되며 자신을 지나치게 미화시켜서도 안 된다. 가능한 한 솔직하게 자신을 표현하는 것이 가장 무난하다.

둘째, 명확하게 표현하되, 정해진 분량에 맞게 써야 한다. 자기 소개서는 일정한 양식이 정해져 있는 것이 아니다. 따라서 틀에 맞추려 하지 말고 드러내고자 하는 바를 부각시켜서 일관성 있게 기술해 나간다. 또한 해야 할 이야기는 반드시 다 적되 너무 길게 늘어놓아서는 안 된다. 지나치게 많은 미사여구와 수사법을 남용하는 것도 좋지 않다. 간결한 문장으로 자신이 말하고자 하는 바를 명백하게 표현할 수 있도록 하여야 한다. 따로 분량이 정해져 있는 경우라면 그것에 따르도록 하고, 그렇지 않으면 대개 2백자 원고지 6매정도의 분량이 가장 적합하다.

셋째, 글씨는 깔끔하게 정성들여 써야 한다. 굳이 달필일 필요는 없지만 정성들여 또박또박 쓴 글이라야 읽는 이로 하여금 호감을 가지도록 할 수 있으며 응시자의 성실성을 보여주는 좋은 계기가 될 수 있다. 아무리 내용이 좋다고 하더라도 난잡하게 쓰여진 글씨는 좋지 않은 평가를 받게 된다는 것을 명심하여야 한다. 회사의 성격에 따라서는 한자를 섞어 쓰는 것을 좋게 평가하는 경우가 있으므로 국 · 한 혼용을 고려해 볼 만하다. 그렇다고 하여 한자를 남용하는 것은 바람직하지 못하다. 오자나 탈자가 없도록 각별히 유의할 것이며 자신이 없는 경우에는 사전 등을 통하여 확인하도록 한다.

넷째, 패기 있게 그리고 독특하고 인상적으로 기술한다. 기업은 꿋꿋한 의지력을 지닌 패기에 찬 인재를 원하고 있다. 자기 소개서에서는 그러한 당당함을 개성 있게 표현하는 것이 좋다. 예를 들어' 자기소개서' 라는 제목을 피하고 색다른 제목을 붙일 수도 있다. 본문에서도 "나는 언제 어디에서..." 라는 식의 한결같은 문구로 문단을 시작하기보다는 선현의 말로 인용하거나 광고 문안처럼 작성하는 방법도 경우에 따라서는 효과적일 수 있다. 요컨데 자신의 생각을 패기 있게 제시하면서, 읽는 이에게 관심을 불러일으키고 미소를 짓게 하는 노력이 필요한 것이다.

다섯째, 시간적 여유를 갖고 작성한다. 입사지원 제출서류 마감시간에 임박해서야 허겁지겁 자기 소개서를 작성하는 사람들이 많다. 심지어는 접수창구에서 즉각적으로 쓰는 사람들도 있다. 그러나 시간적인 여유를 충분히 가지고 침착하게 작성해야 훌륭한 자기 소개서가 될 수 있다. 자기 소개서는 곧 자신의 얼굴이라는 점을 유의하여, 자신을 최대한으로 잘 드러낼 수 있는 자기 소개서를 미리 작성해 두는 것도 좋은 방법이다.

앞에서 일반적으로 회사에서 자기 소개서를 통하여 파악하고자 하는 바가 무엇인지 살펴본 바 있었다. 이러한 내용이 잘 드러나도록 구성하기 위해서는 다음과 같은 항목들이 포함되는 것이 좋다.

ㅇ성장과정 및 가정환경 : 이 항목은 자기 소개서의 핵심적인 부문으로 대인 관계, 조직에의 적응력, 인화 가능성을 파악하는 데 중요하다. 가족 사항과 집안의 분위기 등에 대하여 언급하고, 중 · 고교, 대학시절의 특기할 만한 사항들을 체험이나 에피소드를 섞어가며 개성 있는 문체로 작성한다. 어릴 때부터의 성장 과정을 순서대로 기술해 가는 것이 일반적이나, 평범한 이야기는 지루하게 느껴질 수 있으므로 뚜렷한 개성이나 특성을 내보일 수 있는 내용들을 기술하는 것이 좋다. 예를 들어 성장과정의 특이성, 학창생활의 이상과 그 실현을 위한 자신의 노력, 특기나 취미, 남다른 경험 등을 설명하는 것도 좋을 것이다.

ㅇ대학의 학과 선택동기 및 활동사항 : 이 항목은 인사 담당자가 가장 궁금하게 여기는, 응시자의 현재 모습과 깊은 관련이 있으므로 될 수 있는 한 자세히 언급

하여야 한다. 전공선택의 동기와 결과는 사실대로 솔직히 적으며, 동아리나 교내외 활동사항도 구체적으로 적어 주는 것이 효과적이다. 또한 친구나 은사 등을 언급함으로써 사회성을 강조하는 것도 좋다. 아울러 상을 받았던 경력이나 자신을 남보다 돋보이게 할 수 있는 특기사항이 있으면 모두 기록해 둔다.

○본인의 성격 및 가치관 : 자신의 성격은 단정적으로 표현하기보다는 자연스럽게 나타나도록 쓴다. 이를 위해서는 자기 성격과 인생관에 결정적으로 영향을 미쳤던 사건이나 일화 등을 언급하는 것이 효과적이다. 자신이 지닌 특별한 장점이나 개성도 말하지 않으면 알 수 없으므로 반드시 언급해 주어야 한다. 자신의 장점을 언급할 때에는 외국어 능력이나 리더쉽 또는 업무 수행상 도움이 될 수 있는 능력 등을 자신의 체험과 함께 기술하는 것이 좋다. 자기의 단점을 모두 밝히는 것은 문제가 있으나, 장점만을 서술하기보다는 단점도 적절히 언급하고 또한 이를 극복하려는 의지를 보여 주는 것이 좋다. 이어서 긍정적인 사고방식과 적극적 자세, 성실한 인생관을 피력하여 준다. 부정적인 인생관이나 사회관을 이야기한다든지, 타인을 비방한다든지 하는 것은 바람직하지 못하다.

○입사지원 동기 및 각오 : 입사지원 동기와 각오는 강한 인상을 줄 수 있으므로 특별한 주의를 기울여야 한다. 지원 동기를 기술할 때에는 막연한 일반론을 펴는 것보다는 지원 회사와 직·간접으로 연관이 있는 내용들을 함께 기술하는 것이 좋다. 즉 지원 회사의 업종이나 특성 등에 자신의 전공 또는 희망을 연관시켜 지원 동기를 구체적으로 밝혀준다. 이를 위해서는 평소 신문이나 사보 또는 기타 자료 등을 통해 미리 해당 기업에 대해 어느 정도 연구해 두는 것이 좋을 것이다.

앞으로의 희망이나 각오를 기술할 때에는 "열심히" 또는 "최선을 다해"라는 막연한 표현보다는 일단 그 회사에 입사했다는 가정 아래 목표 성취와 자기 개발을 위해 어떠한 계획이나 각오를 갖고 일에 임할 것인가를 구체적으로 언급하는 것이 좋다.

이력서와 마찬가지로 자기소개서도 지원회사의 홈페이지에 접속하여 온라인으로 직접 입력하는 경우가 늘어나고 있다. 앞에서 언급한 바 있듯이 이 경우 분량이나 시간을 제한하는 일이 많으므로 유의하도록 한다.

▶소개서 견본

그린에너지 인턴십 프로그램

박준현(2010년 그린에너지 1학년)

제가 샌프란시스코 대학의 그린에너지 프로그램에 지원한 것은 제 전공인 그린에너지 분야에 대해 고차원적인 기술을 익히고, 그린에너지 분야가 활성화되지 않은 한국에서는 배울 수 없는 전문적, 세계적인 기술을 배우고 싶기 때문입니다. 저는 그린에너지 프로그램을 통해 디스플레이와 그 동력인 그린에너지를 결합시켜 태양광 디스플레이 분야에서 일할 수 있도록 준비해 보고 싶습니다. 다음 사항은 제가 이 프로그램에 참여할 만한 능력이 있음을 증명해 주는 교육적 배경과 경력 및 관심사에 관한 대략적인 내용입니다.

저는 학창시절부터 그린에너지에 대한 남다른 관심이 있었기 때문에 제가 대학에 진학하는 시기에 그린에너지에 관하여 많은 것을 알아보았습니다. 그 결과 국가사업으로 그린에너지 분야의 발전이 이루어지고 있는 지역의 대학에 진학하였습니다. 영남대학교 그린에너지 연합전공 학부에 입학하였으며 디스플레이 화학공학과 그린에너지, 이 두 개의 학문을 모두 전공하였고, 저의 학문 분야에 있어 기초가 되는 과목들을 모두 이수하였습니다. 이런 공부들을 하면서 저는 디스플레이와 그린에너지 분야의 접목에 대한 가능성과 성공여부를 판단해본 결과, 비전이 상당하다는 것을 알 수 있었습니다. 저는 그린에너지 연구자로서 인류의 환경과 에너지 효율의 극대화에 이바지하고, 저의 과학적 호기심과 업적을 성취하고자 하는 제 꿈을 실현시켜 보고 싶습니다.

저희 학부에서 진행하는 태양광 연구에 참여한 적이 있습니다. 태양광 연구 절

차에 참가함으로써 과학적 실험절차와 기술을 익혔고 연구 시 필요한 협력하는 방법을 배웠습니다. 이런 실전경험을 통해 연구에 필요한 인내심을 배웠을 뿐만 아니라, 전체 프로젝트의 측면에서 보았을 때는 작은 부분이지만 연구과정에 핵심이 되는 부분들이 무엇인지 판가름 할 수 있는 방법을 배웠습니다. 태양광 연구에 참여하면서 이 기술 분야가 인류의 미래에 어떠한 영향을 미치는지에 대해서 생각해 본 결과, 이 기술이 주는 긍정적 효과들이 많은 사람들에게 해택을 줄 수 있음을 알았습니다. 바로 이러한 이유로 저는 귀 대학의 그린에너지 프로그램에 참여하여 제 관심사를 추구하고 인류의 발전에 기여할 수 있는 능력을 가져보고자 합니다. 석유화학에너지를 대체할 수 있는 여러 가지 그린에너지들을 다루어 봄으로써, 앞으로 그린에너지의 어떤 분야를 전공해야 할지를 결정하고 싶습니다. 저는 앞서 말했듯이 가장 주된 관심사는 태양에너지를 동력으로 하는 디스플레이를 만드는 일에 도전해 보는 것입니다.

제가 공부한 전공 이외에도 저는 강의실 밖에서 이루어지는 여러 가지 인성적 체험 역시 해보았습니다. 전문지식만으로는 불가능한 리더십과 창의성 캠프에도 참여했었고 여러 가지 봉사활동 또한 수차례 해봄으로써 인성을 함양하는 기회를 가졌습니다. 이러한 것들을 경험해 봄으로써 '삶을 나 자신만을 위해서가 아닌 전체를 위해 살아야겠다.' 고 다짐했습니다. 만약 제가 귀 대학의 그린에너지 프로그램의 장학금을 받게 된다면, 저는 그린에너지 분야의 새로운 과학적 지식과 실제적인 경험들을 얻을 수 있을 것입니다. 귀 대학의 장학금으로 그린에너지 연구 분야에 크게 이바지해 보고 싶습니다.

| 토론하기 |

- 토론 주제 1과 토론 주제 2 중 하나를 선택하여 토론을 해보자.
- 토론 주제 1 : 분쟁 지역 선교 · 봉사 활동 참가에 대한 찬반

  토론 방법 : 논쟁형 토론

– '분쟁 지역 선교 · 봉사 활동 참가에 대한 찬성' (2명이 한 팀)
– '분쟁 지역 선교 · 봉사 활동 참가에 대한 반대' (2명이 한 팀)
– 사회자(1명)는 기조 발표와 결과를 평가함과 아울러 토론 전반을 진행함

• 토론 주제 2 : 봉사의 궁극적 실체는 자기만족일 뿐이다 아니다.
토론 방법 : 논쟁형 토론
– '봉사의 궁극적 실체는 자기만족일 뿐이다' (2명이 한 팀)
– '봉사의 궁극적 실체는 자기만족만이 아니다' (2명이 한 팀)
– 사회자(1명)는 기조 발표와 결과를 평가함과 아울러 토론 전반을 진행함

• 토론 진행 순서

사회자	○○○	토론자	〈찬성〉○○○ ○○○ 〈반대〉○○○ ○○○
주 제			
사회자 기조 발표			
찬성의 주장			
반대의 주장			
찬성 → 반대 비판			
반대 → 찬성 비판			
찬성 → 반대 반박			
반대 → 찬성 재반박			
자유 토론			
결과(심사자)			
교수 논평			

• 토론채점표

토론 일자	
토론 논제	
사회자	
토론자	찬성 측 :
	반대 측 :

번호	평가문항		점수
1	토론자 (찬성측)	주장이 정직하였는가?(조작, 변조, 왜곡이 없었는가)	1 2 3 4 5
2		자발적이고 적극적으로 참여했는가?	1 2 3 4 5
3		감정적인 표현이나 대응을 삼갔는가?	1 2 3 4 5
4		상대방 의견을 존중하고 경청하는 태도가 좋았는가?	1 2 3 4 5
5		발언 시간과 순서를 잘 지켰는가?	1 2 3 4 5
6		토론 결과에 승복했는가?	1 2 3 4 5
7	토론자 (반대측)	주장이 정직하였는가?(조작, 변조, 왜곡이 없었는가)	1 2 3 4 5
8		자발적이고 적극적으로 참여했는가?	1 2 3 4 5
9		감정적인 표현이나 대응을 삼갔는가?	1 2 3 4 5
10		상대방 의견을 존중하고 경청하는 태도가 좋았는가?	1 2 3 4 5
11		발언 시간과 순서를 잘 지켰는가?	1 2 3 4 5
12		토론 결과에 승복했는가?	1 2 3 4 5
13	사회자	시작할 때 청중이 관심을 갖도록 토론 논제의 의의를 잘 밝혔는가?	1 2 3 4 5
14		토론이 주제에서 벗어나지 않도록 잘 조정했는가?	1 2 3 4 5
15		특정 의견에 개입하지 않고 중립을 잘 지켰는가?	1 2 3 4 5
16		시간 안배를 적절히 하고 토론의 규칙을 지키도록 잘 유도했는가?	1 2 3 4 5

17		결론을 요약하고 논점을 정리해서 토론을 잘 마무리하였는가?	1 2 3 4 5
18	전체적 분위기	토론의 전체 과정이 잘 진행되었는가?	1 2 3 4 5
19		청중들은 경청하는 태도였는가?	1 2 3 4 5

함께 읽기 좋은 자료

마하트마 간디, 《간디 자서전》

이순신, 《난중일기》

김구, 《백범일지》

체 게바라, 《체 게바라 자서전》

8 『거의 모든 것의 역사』를 읽고 쓰다

| 학습 목표 |

- 『거의 모든 것의 역사』를 통해 우주와 지구, 그리고 인간의 관계를 이해한다.
- 토의를 통해 문제 해결의 주체인 과학자들의 바람직한 모습에 대해 생각해 본다.
- 프리젠테이션 작성과 리뷰 쓰기를 연습하며 과학적 · 신화적 글쓰기를 익힌다.

| 해제와 저자 소개 |

빌 브라이슨William McGuire Bryson(1951~)은 아이오와 주 디모인에서 태어났다. 영국으로 건너가 「더 타임스」와 「인디팬던트」 신문에서 여행작가 겸 기자로 활동하다, 20년 만에 미국으로 돌아가 뉴햄프셔 주 하노버 시에 정착했다. 영국 「더 타임스」로부터 '현존하는 가장 유머러스한 작가' 라는 평을 듣고 있을 뿐만 아니라 세계의 여러 언론으로부터 호평을 받고 있다. 가장 유명한 『나를 부르는 숲』은 뉴욕타임스에 3년 연속 베스트셀러에 올랐던 책으로, 빌 브라이슨이 미국 애팔래치아 트레일에 도전한 종주 기록을 담고 있다. 이외에도 『빌브라이슨의 아프리카 다이어리』, 『빌 브라이슨의 재밌는 세상』을 비롯하여, 『햇볕에 타버린 나라에서』, 『잃어버린 대륙』, 『작은 섬에서 부친 편지』 등 빌 브

라이슨의 특유의 글맛이 담긴 작품들이 있다.(『Y형인재가 읽는 명저의 세계』, 영남대학교출판부, 2010)

방대한 양의 과학 정보를 재미있게 풀어낸 과학 교양서 『거의 모든 것의 역사』는 인류의 삶의 공간인 지구와 다른 구성원들 혹은 넓게는 우주와의 공존공생을 도모하기 위해 우리 인류가 당연히 알고 있어야 할, 그리고 당연히 알아야 할 과학적 사실 혹은 과학적 발견과정에 대한 역사 다큐멘터리라고 할 수 있을 것이다. 우주의 탄생에서 인류 미래의 영속성에 이르기까지 방대한 저자의 관심이 이를 반증하고 있다. 그리고 자칫 어렵다고 느껴지거나 혹은 거부감을 가질지도 모를 과학적 교양을 저자는 이야기꾼으로서의 재능을 십분 발휘하여 최소화하고 있다. 특히 과학이론의 발견에 관한 이야기를 할 때 과학이론을 소개하는 데 그치지 않고 그것을 만든 과학자와 그 주변에 얽힌 사연들을 언급함으로써 독자들에게 더 가까이 다가서고 있다. 저자에 따르면 홀데인은 잠수부에게 나타나는 직업병을 연구하기 위해 매우 위험하고 고통스러운 실험을 했다. 이 실험을 하면서 홀데인은 동료들과 사랑하는 사람들에게도 그런 실험에 참여하도록 설득하였지만 아무런 가책도 느끼지 않았다. 심지어 그의 부인이 이 실험에 참여하다가 13분 동안 경련을 일으키기도 했는데 마루 위를 떼굴떼굴 구르던 그녀는 경련이 멈추자 아무런 일도 없었다는 듯이 일어나서 저녁 준비를 하러 부엌으로 가야만 했다. 그러면서도 저자는 과학적 진실을 위해 고군분투한 과학자의 예도 소개하고 자신의 부와 명예를 위해 과학적 진실을 은폐한 지극히 비도덕적인 과학자의 예도 소개하고 있다. 그러기에 이 책은 교양과 재미를 동시에 잡는 보기 드문 보물같은 책이라 할 만 하다.

| 읽고 생각하기 |

독서 노트

읽기 요점

- 어떻게 과학자들은 문제를 해결하는가?
- 우주는 정말 상상할 수 없이 큰 하나의 생명체일까?
- 우주와 지구와 인간의 운명은 장차 어떻게 될까?

읽기 활동

❶ 이 책은 그야말로 과학의 거의 모든 역사를 담고 있다. 그만큼 이 책이 다루는 과학 지식의 정보는 실로 방대하다. 이점에서 작가가 일차적으로 고민한 문제는 정보 처리의 위계화位階化였을 것이다. 아래는 정보 처리의 위계화를 나타낸 이 책의 '차례' 곧, 내용의 편제이다.

제1부 우주에서 잊혀진 것들

제1장 우주의 출발

제2장 태양계에 대하여

제3장 에번스 목사의 우주

제2부 지구의 크기

제4장 사물의 크기

제5장 채석공

제6장 성난 이빨을 드러낸 과학

제7장 근원적인 물질

제3부 새로운 시대의 도래

제8장 아인슈타인의 우주

제9장 위대한 원자

제10장 납의 탈출

제11장 머스터 마크의 쿼크

제12장 움직이는 지구

제4부 위험한 행성

제13장 충돌!

제14장 땅속에서 타오르는 불

제15장 위험한 아름다움

제5부 생명, 그 자체

제16장 고독한 행성

제17장 대류권 속으로

제18장 망망대해

제19장 생명의 기원

제20장 작은 세상

제21장 생명의 행진

제22장 모두에게 작별을

제23장 존재의 풍요로움

제24장 세포들

제25장 다윈의 비범한 생각

제26장 생명의 물질

제6부 우리의 미래

제27장 빙하의 시대

제28장 신비로운 양족 동물

제29장 부지런했던 유인원

제30장 안녕

— 빌 브라이슨, 이덕환 옮김, 『거의 모든 것의 역사』, 까치, 2010

전체 558쪽에 걸쳐서 6부 30장으로 구성되어 있다. 구성 면에서 각 부는 독립적이며 각 부 내에서 장들 또한 독립적이다. 각 부와 장을 기준으로 하여 조별로 읽기의 분량을 적절히 나누어 보라. 각 조는 할당된 내용을 함께 깊이 반복해서 정밀하게 읽고 읽은 내용을 10분 발표 분량으로 요약해 보라. 그리고 프리젠테이션(빔 프로젝트) 해보라.

❷ 발표를 듣는 청중은 발표에 대한 평가표를 작성하고 발표가 모두 끝난 후 토의 시간에 발표에 대해 말로서 리뷰해 준다.

평가 내용	내용의 충실도 (10점)	전달 방법의 적절성 (10점)	표현의 효과 (10점)	태도 (10점)	합계 (40점)	총 평
1조						
2조						
3조						

4조						
5조						

▶가이드 글(1) : 텍스트 요약의 방법

남의 글(텍스트)을 읽고 그 반응을 적는 가장 기본적인 것은 '요약' 이다. 텍스트 읽기는 대학에서 공부할 때 가장 많이 쓰는 방법이기 때문에, 과제물로서 '요약/정리 보고서' 또는 한 걸음 더 나아가 '요약/논평 보고서' 를 쓰게 된다.

이 '요약' 은 별로 어렵지 않은 아주 단순한 일인 듯싶기도 하다. 그러나 가장 단순해 보이는 내용 요약조차도 사실 그리 단순한 것은 아니다. 그러므로 프랑스의 대입 자격시험인 '바칼로레아' 에는 '텍스트 요약' 이 들어 있을 정도이다. 이런 정신에 따르고 일반적인 글의 원칙을 감안해 볼 때, 요약의 기본 원칙은 다음과 같다.

첫째, '정확한 내용의 파악' 이 필요하다.
둘째, 그것을 '자기의 글' 로 옮겨놓아야 한다.
셋째 한 편의 글로서의 구성을 갖추어야 한다.

이 중 첫째부터 보자. 내용 요약의 핵심은 역시 그 내용 파악이 얼마나 정확한가일 것이다. 그러기 위해서는 우선 글을 여러 번 읽어나가면서, 그 글의 전체적 구성과 논리 전개를 먼저 파악해야 한다. 즉 전체적인 면을 우선 보면서 개관을 하는 것이다. 다음, 각 문단 혹은 구성의 주요 단위별로 내용을 파악한다. 앞에서 본 전체 구도 속에서 부분을 읽는 것이다. 이렇게 해서 전체 내용과 그 구성을 파악하면, 그 다음에는 텍스트의 독특한 표현 방식과 수사가 있는지도 곁들여 볼 필요가 있다. 이들은 내용과 무관한 듯하면서도 은밀하게 내용과 연관되어 있는 경우가 많기 때문이다.

이상에서 본 첫째와 관련된 것은 이른바 '독해' 문제로서 여러분이 수없이 해온 것이지만, 둘째와 관련된 것은 흔히 중요시하지 않는 경향이 있다. 이와 관련하여 먼저 강조하고자 하는 것은 흔히 보는 '축자 요약'은 제대로 된 요약이 아니라는 것이다. 즉 문장, 문단을 통째로 옮겨 짜깁기를 하는 것은 곤란하다는 것이다. 이런 방법을 비아냥거리는 표현이 이른바 '풀과 가위질scissors and paste'이라는 것인데, 이 방법은 인터넷에서 자료를 다운 받아 쓰는 경향이 있는 요즘 더욱 성행하고 있는 듯하다. 그러나 요약이란 중요한 어구는 그대로 써도 일반적인 내용 전달을 위한 표현은 자기식의 표현으로 바꾸어야 하는 것이다. 그리하여 요약은 때로는 독자적 개성을 갖기도 하는데, 아놀드 토인비의 방대한 책『역사의 연구』에 대한 요약본이 그 자체로서 독자적인 생명을 갖는 것도 이 때문이다.

이러한 자기 표현을 위해서는 일단 텍스트를 읽은 뒤 그 내용을 다른 사람에게 이야기해보는 것도 좋은 방법이다. 이야기한다는 것은 그대로 외워 말하는 것이 아니기에(그것이 더 어렵다!) 어쩔 수 없이 자기식의 표현으로 바꾸지 않으면 안 되기 때문이다. 이렇게 이야기를 해보는 사이에 자기 스스로도 부족한 부분이 느껴지게 되고 그 부분을 메우기 위해서는 반복해서 읽지 않을 수 없을 것이다. 이렇게 하여 충분히 그 내용이 파악된 뒤에 글로 옮기는 작업을 한다면, 그야말로 자기식의 표현에 따른 요약으로 가기가 그만큼 쉬워지는 것이다.

끝으로 요약도 한 편의 글이라는 것을 명심해야 한다. 즉 아무리 작은 생명체도 갖출 것은 다 갖추듯, 아무리 적은 분량의 글이라도 한 편의 글로서의 온전한 요소를 갖추어야 하는 것이다. 그러므로 최소한의 '개요'를 생각하면서 전체적인 논지의 흐름을 각 문단에 어떤 식으로 배치할 것인지, 문단은 몇 개 정도로 할 것인지, 처음과 끝은 어떻게 쓸 것인지 등에 대해서도 신경을 써야 하는 것이다. 요컨대 '요약 보고서'란 글 전체를 장악(!)하여 내용을 정확하게 파악한 뒤 자기식 표현으로 바꾸어야 하는 것이기에, 손쉽고 단순한 글쓰기를 넘는 나름대로의 지적인 노력과 수준이 필요한 작업인 것이다.

▶가이드 글(2) : Beam Projector와 발표 자료 구성

A. Beam Projector

최근에는 컴퓨터를 사용하여 Powerpoint와 같은 소프트웨어로 발표자료를 작성하고 이를 Beam Projector를 통해 투사하면서 발표하는 방식이 많이 사용되고 있다. 아래의 그림은 Powerpoint를 이용하여 작성한 슬라이드의 예를 보여주고 있다.

• Powerpoint를 이용하여 작성한 슬라이드

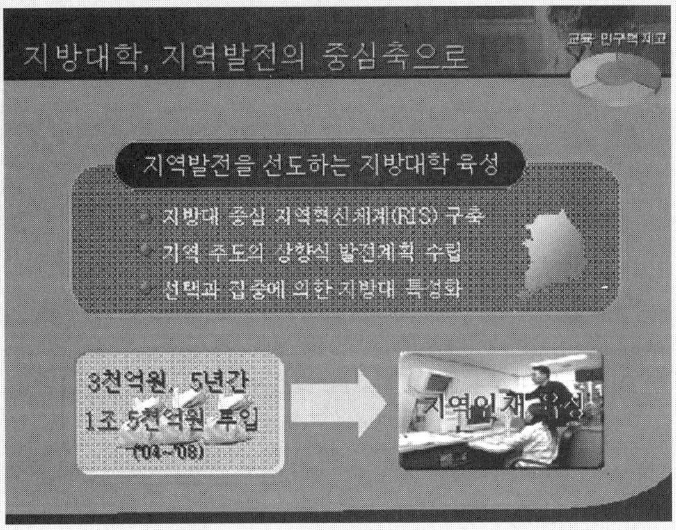

이러한 방식의 장점은 무엇보다도 발표용 소프트웨어의 다양한 기능을 활용할 수 있다는 점이다. 예를 들어 다양한 사진이나 동영상을 삽입하여 보여줄 수 있고, 슬라이드쇼와 같은 기능을 사용하여 입체적으로 화려하게 발표할 수 있다. 단순히 종이에 작성된 발표 자료만을 사용하는 경우와 비교할 때, 그 효과는 결코 과소평가할 수 없다. 슬라이드와 같은 소모재가 필요치 않다는 것도 커다란 경제적 장점이나, 다만 Beam Projector가 필요하고, 아직까지는 상당히 고가의 장비에 속한다는 것이 단점이다.

B. 발표 자료의 구성

발표 자료의 순서는 그 내용에 따라 다양하겠으나, 일반적으로 권장할 수 있는 구성은 다음과 같다.

모든 발표의 첫 장은 물론 발표 제목과 발표자에 대한 소개이다. 발표 제목은 비록 몇 개의 짧은 단어로 구성되는 경우가 대부분이나 청중들의 관심을 얻기 위해 매우 중요하다. 아래는 이러한 표지의 예로 상단에 제목이 나오고 하단에 발표 기관이 표시되어 있다. 발표자의 이름 · 소속이나 발표일자가 표시되기도 한다.

• 제목 슬라이드의 예

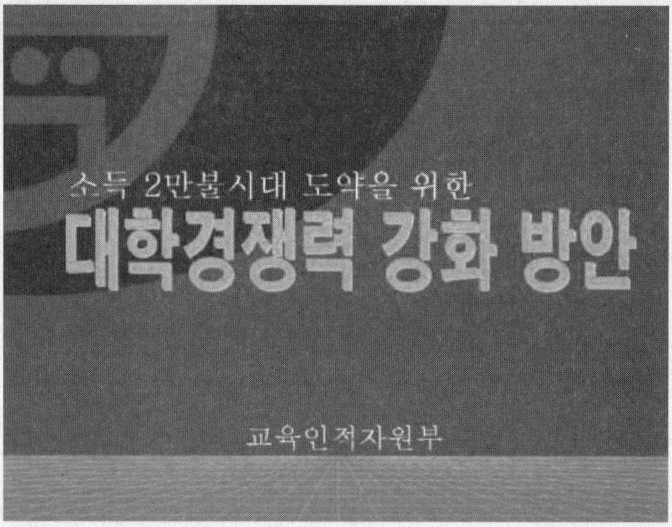

다음으로는 발표의 순서를 소개하는 목차, 개요 등이 따르고, 본문이 시작된다.

• 목차 슬라이드의 예

• 본문 슬라이드의 예

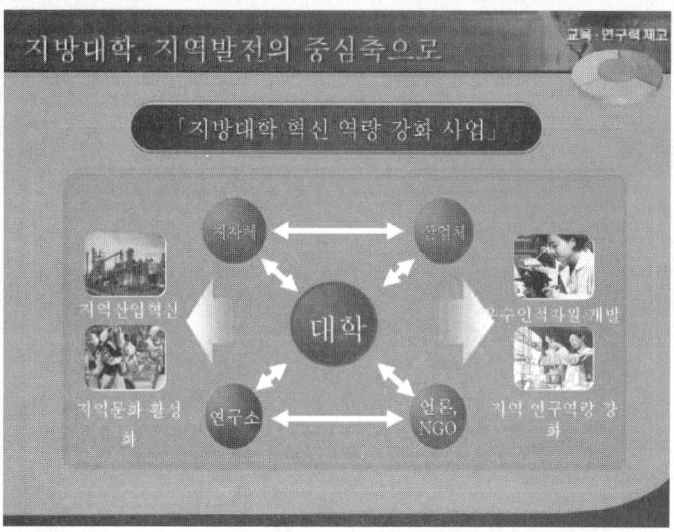

목차는 너무 자세하지 않게 구성한다. 목차를 소개하면서 청중들이 어느 대목에서 가장 주목해야 할지를 미리 일러주어 관심을 집중시키는 것도 효과적이다.

본문이 끝나면 결론으로 정리한다.

C. 발표자료 작성 요령

발표 자료는 비교적 적은 분량의 글과 그림을 담고 있으나, 그 내용은 상당히 함축적이기 때문에 그 준비가 간단한 것이 아니다. 다음은 그에 필요한 여러 가지 주의 사항을 정리한 것이다.

ㅇ논문 원고를 그대로 슬라이드에 복사해서는 안 되며, 핵심단어를 사용하여 요점만 간결하게 간추려 적는다. 슬라이드의 내용은 완전한 문장대신 신문의 기사 제목과 같은 표제문의 형태로 기술하는 것이 바람직하다. 이때 큰점bullet과 같은 기호가 유용하게 사용될 수 있다. 문장 부호의 사용은 가급적 사용을 억제한다.

ㅇ보고서에 흔히 쓰이는 명조체는 다소 화려한 서체에 속한다. 보고서와 달리 구두 발표 자료는 화려함보다는 단순할수록 유리하다. 이러한 점에서 권장할 만한 서체로 우리가 지금까지의 예에서 사용하였던 고딕체나 굴림체, 돋움체 등을 들 수 있다. 영문인 경우는 Arial(혹은 Helvetica)과 같은 글씨체를 사용한다.

ㅇ글씨의 크기는 쉽게 눈에 들어오도록 크게 하여야 한다. 결과적으로 한 장의 슬라이드에는 담을 수 있는 분량이 상당히 제약되고, 발표자료는 상당히 함축적으로 만들어져야 함을 알 수 있다.

ㅇ글씨의 색채는 가급적 단순한 검은색이나 파랑색 등을 사용하되 배경 색이 있는 경우는 배경과 대조되는 색을 잘 선택하는 것이 필요하다.

ㅇ제목과 내용이 구별되도록 글씨 크기를 다르게 하되, 제목, 부제목, 내용의 순으로 글씨 크기가 점차 작아지는 순이어야 한다.

ㅇ그림이나 표를 너무 복잡하게 만들어서는 안 된다. 제안서나 보고서, 논문 속

의 것보다 훨씬 간단해야 한다. 이들과는 달리 짧은 시간에 이해되어야 하기 때문이다.

ㅇ슬라이드의 제목이나 그림 · 표의 제목은 '1991~1997년 동안의 임금 상승'과 같이 구체적이고 의미가 있어야 한다.

ㅇ슬라이드의 장수가 너무 많으면 주어진 발표 시간이 모자라 발표를 서두르게 된다. 한 장의 발표에 소요되는 시간을 미리 측정하여 주어진 시간에 끝낼 수 있도록 장수를 줄여야 한다.

ㅇ슬라이드를 옆으로 작성할 수도 있고 밑으로 길게 작성할 수도 있다. 이를 각각 산수화landscape 방향과 초상화portrait 방향이라고 한다. 일반적으로 산수화 방향이 발표용으로 많이 쓰인다.

ㅇ슬라이드가 많으면 발표자의 편의상 쪽수를 매기는 것이 도움이 되기도 하나, 가급적 작은 크기의 글씨를 사용하여 불필요하게 청중들의 눈에 안 띄도록 한다.

ㅇ한 슬라이드를 여러 곳에서 사용해야 할 경우에 필요한 횟수만큼 준비하여 필요한 곳에 삽입해 두는 것이 좋다. 한 장을 필요할 때마다 그때그때 찾아서 사용하는 것은 발표의 흐름을 방해하며, 긴장한 발표자를 당혹케 할 수 있다.

ㅇ슬라이드에 쓸 수 있는 전용 펜을 준비해 두어야 한다.

ㅇ발표가 끝난 뒤에는 질의와 답변 시간이 뒤따르는 게 일반적이다. 특별히 따로 슬라이드를 준비하지 않는 한 최종 슬라이드는 결론부가 되기 마련인데, 이 슬라이드가 질의 · 응답 시간에 계속 비추어지고 있을 가능성이 높다. 이를 피하고 청중에게 감사의 뜻을 전하면서 산뜻하게 마치기 위해서는 다음과 같이 감사의 문장만으로 구성된 슬라이드를 준비한다.

• 감사 슬라이드의 예

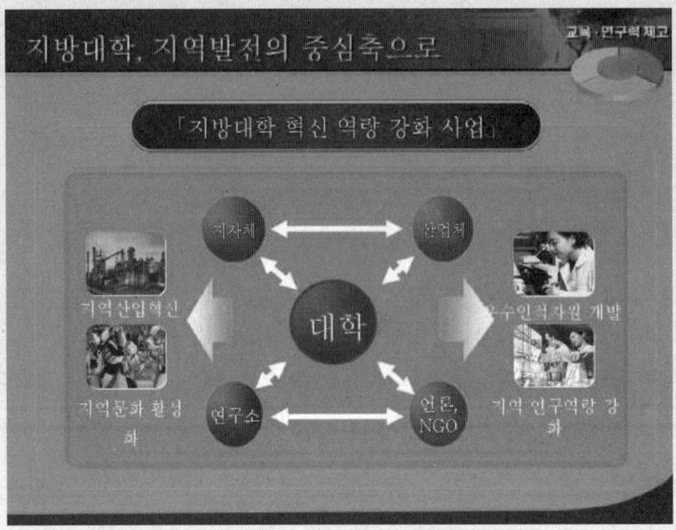

대부분의 발표는 대개 20분 이내의 짧은 시간이 소요되나, 다소 긴 시간이 걸리는 경우에는 청중에게 발표의 흐름을 종종 상기시키며 현재의 발표 내용이 전체 내용의 어떤 부분에 해당하는가를 환기시키는 것이 도움이 된다. 이를 위해서는 목차 슬라이드를 다시 사용하게 되는데, 현 시점까지 다룬 내용이나 다음 내용을 독특한 모양이나 서체 등으로 차별화 할 수 있다.

| 토의하기 |

• 토의 주제 : 『거의 모든 것의 역사』(빌 브라이슨, 이덕환 옮김, 까치, 2010)에는 (가) 과학 악용 예로 미즐리의 사례(164~166쪽)와 (나) 선용의 예로 패터슨의 사례(171~173쪽)가 제시되어 있다. 한편 아래 글은 세계 과학자 연맹이 1948년에 채택한 '과학자 헌장' 중 과학자 책임과 관련된 내용이다. 아래 '과학자 헌장' 을 기준으로 하고 (가)와 (나)를 참조하여 오늘날 과학자가 갖추어야 할 바람직한 요건에 대해 토의해 보시오.

(가) 과학이 선용되는가 악용되는가에 따라 빚어지는 결과는 특히 중요하다. 따라서 과학이라는 직업에는 시민이 보통의 의무에 대해 지는 책임 외에 특수한 책임이 따른다. 특히 과학자는 대중이 가까이 하기 어려운 지식을 갖고 있든가 또는 그것을 쉽게 가질 수 있기 때문에 이런 지식이 선용되도록 전력을 다하지 않으면 안 된다. 이런 책임은 과학자가 개인적 또는 집단적으로 가지고 있는 것이며, 다음과 같이 요약될 수 있다. 과학에 대하여 ① 과학적 연구의 건전성 유지, 과학적 지식의 억압과 왜곡에 대한 저항 ② 과학적 성과의 완전한 공표 ③ 인종적 내지는 민족적 장벽을 넘어 다른 과학자와 협력할 것 ④ 기초과학과 응용과학의 균형을 올바르게 고려하여 과학의 발달을 확실하게 할 것, 사회에 대하여 ① 과학, 특히 자기 자신의 분야가 당면한 경제적 사회적 정치적 문제들에 대하여 지니는 의미를 연구할 것, 그리고 이런 지식이 광범위하게 이해되고 실행으로 옮겨질 수 있도록 노력할 것 ② 기아 및 질병과 싸우고, 모든 나라의 생활과 노동조건을 평등하게 개선하기 위하서 과학을 사용할 새로운 방법을 탐구할 것, 이 경우 궁극적으로 같은 목적을 지닌 모든 조직 및 개인과 협력할 것 ③ 공공행정의 모든 측면을 연구하고, 과학적 방법이 충분히 사용될 수 있도록 노력하며, 또 이 분야에서의 과학의 진보가 갖는 의의를 국민과 정부가 항상 알 수 있도록 할 것, 세계에 대하여 ① 과학의 국제적 성격을 유지할 것 ② 전쟁의 근원을 연구할 것 ③ 전쟁을 막고 평화를 위해 안정된 기반 구축을 추구하는 세력을 지원할 것 ④ 과학자의 노력이 전쟁준비의 방향으로 전환되는 것에 대하여, 특히 과학이 대량 파괴의 수단으로 사용되는 것에 반대할 것, ⑤ 비합리주의 신비주의 인종차별 권력 찬미 등과 같은 반과학적 사상에 의해 고취된 운동에 저항할 것.

▶가이드 글 : 토론과 토의의 차이점

	토론debate	토의discussion
목적	자기주장의 관철	문제 해결안 강구
전제	의견 대립 인정	의견 대립 지양
절차	주장의 근거 및 증거 제시를 통한 정당성 입증 및 반대 주장 논파	협의와 논의를 통한 해결안 선택
결정	심사자 혹은 청중이 판단	토의 구성원들이 판단
참가자	찬 · 반의 대립자	문제 해결의 공통 이해자
사회자	포용성 있는 원활한 집행자	지도력 및 판단력, 유머 등의 소유자

| 과학적 신화적 글쓰기 |

(1) 토의 내용을 토대로 '바람직한 과학자의 모습' 에 대해 주장하는 글을 1500자로 완성해보라. 글은 반드시 아래 표에 제시된 A-R-E 형태의 단계를 밟아야 한다.(±200자)

1. 단언 Assertion : 바람직한 과학자 상에 대한 논점
2. 추론 Reasoning : 주장이 옳은 이유
3. 증거 Evidence : 데이터나 예시와 같은 증거

(2) 신화시대의 과학 : 창조신화 만들기

다음의 물음에 차례차례 답하면서 하나의 완성된 줄거리를 만들어 보시기 바랍니다. 이야기이자 신화인 만큼 신들의 이야기가 되도록 하십시오. 그러기 위해서는 줄거리에 등장하는 인물로 신을 설정할 필요가 있습니다. 이를 통해 신화적 사고와 과학적 사고의 같고 다름을 생각해 보시기 바랍니다.

1. 태초에 지구는 어떻게 생겨났을까요?
2. 태초에 인간은 어떻게 생겨났을까요?
3. 태초에 불은 어떻게 생겨났을까요?
4. 태초에 곡식은 어떻게 생겨났을까요?
5. 태초에 의료는 어떻게 생겨났을까요?

부록

Ⅰ. 『오래된 미래』를 읽고 쓰다

Ⅱ. 『문화의 수수께끼』를 읽고 쓰다

Ⅲ. 『백석 詩』를 읽고 쓰다

Ⅳ. 한글맞춤법과 표준어 규정

Ⅴ. 명저 백선 목록

I 『오래된 미래』를 읽고 쓰다

| 학습목표 |

- 『오래된 미래』를 읽고 오늘의 산업문명에 대한 성찰과 새로운 삶의 가치가 무엇인지를 생각해 본다.
- 『오래된 미래』에 대한 읽기를 바탕으로 다양한 쟁점들에 대한 발표와 토론을 수행한다.

| 해제와 저자 소개 |

●해제 – 오래된 삶에서 미래를 배운다

『오래된 미래』는 '개발'과 '진보' 아래 진행되어 온 산업문명에 대한 근본적인 반성과 성찰을 담은 책이다. 16년간 히말라야 고원의 라다크란 작은 마을에서 체험한 마을 공동체에 대한 생생한 보고와 근대화에 대한 비판적 분석으로 이미 이 분야의 필독서가 된 이 책은 오늘날 인류가 직면한 사회적 · 생태적 위기의 본질을 명료하게 제시하고 있다.

책은 저자가 라다크를 처음 방문한 때부터 16년간에 걸친 라다크의 모습과 변화를 구체적으로 담고 있다. 저자가 처음 라다크를 방문한 1975년, 라다크는 비록 인도의 영토로 편입되어 있었지만, 천년이 넘는 독자적인 언어와 티베트 불교문화에 뿌리를 둔 자급자족의 공동체였다. 그 당시 라다크는 자신들의 전통문화와 함께 온갖 불리한 자연적 조건에도 불구하고 근본적으로 건강하고 평화로운 공동체를 유지하며 내면적 평화를 누리며 살고 있었다. 저자는 물질적으로 크게 불편을 느끼지 않고 살아가는 그들의 수수께끼 같은 삶에 좀 더 깊이 다가가면서 점차 라다크 사람들의 거의 본능적인 생태적 지혜와 철학에 매료된다. 그것은 곧 지금까지 자신이 별다른 의문없이 받아들여왔던 서구식 산업문명에 대한 비판을 의미하는 것이었다.

한편 헬레나 노르베리-호지의 산업문명 비판은 감동과 뛰어난 설득력으로도 유명하다. 그것은 1975년 개방 이후 라다크의 전통문화가 그 뿌리로부터 붕괴되어 가는 생생한 현장에 저자가 있었기 때문일 것이다. 서구의 산업기술 문명이 토착문화를 어떻게 소멸시켜 가는지, 서구식 산업문화의 패권적 지배 밑에서 사회적 · 생태적으로 건전한 생활방식을 발전시켜온 온갖 토착적 지혜와 기술이 무시되는 한가운데에서 저자는 현대사의 핵심적 재난을 목격했던 것이다. 그런 점에서 이 책은 13만명의 인구를 가진 히말라야 고원의 한 마을의 범위를 넘어 인류사회 전체의 대재앙에 대한 글이기도 하다.

한편 이 책은 인류의 위기와 함께 파괴된 인간사회를 모범적으로 재조직할 가능성도 함께 제시하고 있다. 책의 후반부에 언급된 책의 저자를 비롯한 여러 사람들의 헌신적인 노력은 새로운 사회에 대한 가능성을 전제한 것이다. 건강한 공동체의 유지와 회복을 위한 투쟁에 자기 자신을 바치는 사람들, 주어진 사회적 특권의 길을 버린 자기희생의 정신이야말로 라다크는 물론 모든 사회의 진정한 가능성이라고 저자는 설명하고 있다.

인도 북부 라다크란 작은 마을에서 발견한 우리사회의 미래는 어떤 것일까. 헬레나 노르메리 - 호지는 라다크에서 본 자연과 인간의 조화로운 삶의 모습에서 인간의 미래를 발견하였다. 경제적 합리성이란 논리 아래 자행된 자연과 인간사회에 대한 파괴는 근원적인 반성과 성찰을 요구한다. 그 반성과 성찰의 기록인 이 책 〈오래된 미래〉는 우리에게 말하고 있다. 지금 우리에겐 "현대 산업사회의 토대를 비판적으로 검토하고, 좀 더 지속가능하고 평등한 삶의 방식의 실현에 필요한 원칙을 모색" 하는 실천이 필요하다는 것이다.

●저자 : 헬레나 노르베리 호지Helena Norberg-Hodge

『오래된 미래-라다크로부터 배운다』는 헬레나 노르베리-호지Helena Norberg-Hodge가

쓴 『Ancient Futures : Learning from Ladakh (Rider, 1992)』의 우리말 번역본이다. 헬레나 노르베리-호지는 본래 스웨덴과 영국의 런던대학교에서 언어학을 수학하던 학생이었다. 그러나 1975년 언어학자로서 토속 언어를 연구하기 위해 라다크에 온 저자는 그들의 삶 속 깊이 배어든 생태학적 지혜와 공동체 중심의 세계관에 매료된다. 그리고 이후 16년을 그곳에 머물며 라다크 사람들과 더불어 생활한다. 서구적 산업문명에서 완전히 벗어나 거칠고 황량한 풍토와 자연 조건 속에서도 근본적으로 건강하고 평화로운 삶을 누리는 라다크 사람들이 보여준 경이로운 모습은 그에게 기존의 서구식 산업문명에 대한 근본적인 질문을 하게 했던 것이다. 그 후 그는 서구 문명의 유입 과정에서 경이로운 라다크의 전통 문화와 가치관이 붕괴되는 과정을 목격하고 현대 산업사회에 대한 비판적 강연 활동을 펼치게 된다. 지금도 그녀는 스웨덴과 독일, 오스트리아, 영국, 미국을 오가며 연구활동을 하고 있으며, 자신이 설립한 〈에콜로지 및 문화를 위한 국제협회(ISEC)〉와 〈라다크 프로젝트〉의 상임이사로 활동하고 있다. 1986년에는 대안적 노벨상으로 일컬어지는 '바른 생활상Right Livelihood Award'을 수상한 바 있으며, 1992년 〈오래된 미래 Ancient Futures : Learning from Ladakh〉을 발표하고, 이 책을 영상화한 동명 영화에 공동 제작자로 참여하기도 한다. 50여 개 국가의 언어로 번역된 책과 영화는 세계 전역의 민간 운동기구 관계자들 사이에서 주요 자료로 활용되고 있다.

| 읽고 생각하기 |

●요약하기

_Tip

요약하기는 독서의 결과를 중심으로 중요 정보를 재학습하는 읽기 전략이다. 지도 작성하기는 읽기 전략 중 가장 기본적인 요약하기 과정이다.

1) 『오래된 미래』를 읽고 다음 지도를 작성해 보시오

〈지도 작성하기〉

1. 전통적인 생활		2. 변화
■ ■ ■		■ ■ ■
	오래된 미래-라다크로부터 배운다	
3. 미래를 위하여 ■ ■ ■		4. 라다크 프로젝트 ■ ■ ■

2) 아래 제시문에서 중요한 내용을 확인하고 이를 중심으로 다음의 지도를 작성해 보시오.

농사일의 대부분은 공동작업으로 이루어지는데 지역 전체의 공동체가 모두 참여하는 경우도 있고 그보다 좀 작은 규모로 분할된 처트소에 의해 이루어지는 경우도 있다. 그 예로 수확기간 동안 농부들은 서로서로 도와가며 곡식들을 거두어들이는데 같은 마을이라도 곡식들이 익는 시기는 그 종류에 따라 차이가 나기 때문에 이렇게 서로 협동을 해서 작업을 하는 것은 여러 면에서 효율적이다. 모두 힘을 모아 함께 작업을 하게 됨에 따라 곡식이 익게 되는 시점에 가장 빨리 수확을 할 수 있는 것이다.

이런 방식으로 협동하여 농사일을 하는 것을 '베스Bes'라 부른다. 이 베스는 종종 여러 마을 사람들이 모두 함께 모여 보다 더 큰 규모로 협동 작업을 진행하기도 하는데 그것은 단지 작업의 효율성이나 경제성만을 고려해서 그런 것은 아니다. 두 곳의 밭에 심어놓은 농작물이 동시에 익어 수확을 할 수 있는 때라도 어떤 농부들은 일부러 한쪽 밭의 수확을 미루어 둔다. 다른 농부들과 함께 수확을 하기 위해서이다. 혼자서 수확을 하는 농부의 모습은 거의 없다. 대신 수확을 할 때면 남녀노소 할 것 없이 밭에 모여 함께 일을 한다. 그럴 때면 즐거운 웃음소리와 노랫소리가 일터를 가득 메운다.

'염소 보기'라는 뜻의 '라레스Rares'는 마을 사람들이 공동으로 가축들을 돌보는 일을 말한다. 이 라레스를 통해 농가에서는 매일 방목지로 가축들을 데리고 가 직접 풀을 뜯게 할 필요가 없다. 한두 사람이 각 농가의 가축들을 함께 모아 돌봐 줌으로써 나머지 사람들은 그 시간을 활용하여 다른 일을 할 수 있는 것이다.

사유재산을 공동으로 이용하기도 한다. 고원에 있는 돌오두막들은 원래의 소유주가 있지만 여러 사람들이 이용한다. 그곳을 이용하는 사람들은 그 대가로 일을 해주거나 치즈 혹은 우유 등을 제공한다. 이런 식으로 해서 곡물을 빻을 때 쓰는 물레방아도 여러 사람들이 공동으로 사용한다. 물레방아가 없는 사람이라도 그것을 가진 사람과 사용 시기를 잘 조정하여 빌려 쓸 수 있는데 물이 부족하고 또 겨울철을 대비하여 물레방아를 사용해야 하는 사람이 많아지는 늦가을에는 그 대가로 빻은 곡식의 일정량을 주인에게 주면 된다.

일손이 딸리는 농번기에는 농기구나 가축들을 공동으로 이용한다. 특히 파종을 할 때면 농가들은 모든 작업이 가능한 한 빨리 끝날 수 있도록 자신들이 활용할 수 있는 자원들을 공동으로 사용한다. 긴 겨울이 지나 땅이 파종하기 적당한 상태가 되면 농부들은 다시 일하려는 의욕을 다진다. 이렇게 농기구나 가축을 공동으로 활용하는 관행 역시 오래 전부터 하나의 제도로 굳어진 것이고 그것을 '랑제lhangdse'라 부른다. 그러나 이런 제도화된 구조 속에서도 높은 수준의 융통성과 유연성을 기대할 수 있다.

예전 내가 '사크티sakti'라는 마을에 있을 때 마을 주민들은 파종 준비를 하고 있었다. 그 마을의 두 농가는 파종이 시작되기 전까지 그들 소유의 가축과 쟁기를 나누어 쓰면서 공동작업을 하자는 데 합의했다. 앞서 말한 랑제를 맺은 것이다. 그러던 어느 날 그 두 농가의 이웃인 소남 체링이 자기 소유의 밭을 갈고 있던 중 갑자기 쪼가 주저앉아서는 더 이상 일을 하려고 하지 않았다. 나는 처음 단순하게 쪼가 일을 안 하려고 고집을 부리는 게 아닌가 생각했는데 체링의 이야기는 자기 쪼가 병든 상태이고 상태가 심각한 게 아닌가 걱정스럽다는 것이었다. 내가 체링과 밭에 주저앉아 고민을 하고 있을 때 처음 이야기했던 이웃 그 사람이 다가왔다. 쪼가 병이 들어 일을 하지 못하게 됐다는 이야기를 전해 들은 그는 주저 없이 자기가 도와주겠다고 이야기했고 그와 랑제를 맺은 그 이웃도 함께 도울 것이라 이야기했다. 그날 저녁 자기들의 일을 끝마친 두 이웃 사람들은 쪼를 한 마리 몰고 와 체링의 밭일을 도왔다. 그들은 노래를 부르며 함께 일을 했는데 해가 지고 어두워져 그들의 모습을 볼 수 없게 됐을 때까지도 그들의 노랫소리는 계속 들렸다.

— 헬레나 노르베르-호지, 양희승 옮김, 『오래된 미래』, 중앙북스, 123~126쪽

〈지도 작성하기〉

1. 베스
■
■
■

2. 라레스
■
■
■

라다크의 농사일

3. 사유재산 공유
■
■
■

4. 삭티 마을의 에피소드
■
■
■

| 토론하기 |

제시문을 읽고 토론 거리를 찾아 함께 토론해 보자.

[제시문 1]

연구를 진행하는 동안 나의 최대 관심사는 라다크의 언어였지만 그 와중에 나는 라다크 사람들과 그들의 가치관 그리고 그들이 세상을 바라보는 시각에 점점 더 끌

리게 되었다. 왜 이 사람들은 언제나 웃고 있는 걸까? 이 사람들은 어떻게 자신들에게 그토록 적대적이고 혹독한 환경 속에서 그렇게 편안하게 살 수 있는 걸까?

— 헬레나 노르베르-호지, 양희승 옮김, 『오래된 미래』, 중앙북스, 59쪽

토론 1. 라다크 사람들이 어려운 자연 환경과 생활 조건 속에서도 항상 미소를 짓는 이유는 무엇인가?

[제시문 2]

라다크 사람들은 또 손으로 짠 옷들을 더 이상 기워 입을 수 없을 때까지 기워 입는다. 추운 겨울에는 옷을 두세 벌쯤 껴입는 게 보통인데 특별한 행사 때 입을 제일 좋은 옷은 가장 안쪽에 입는다. 완전히 낡아 더 이상 바느질을 할 수 없게 된 옷들은 진흙과 함께 뭉쳐서 수로의 취약한 부분에 끼워 물이 새는 것을 막는 데 쓴다.

라다크에서는 또 관목이나 풀 등 야생에서 자라는 모든 종류의 식물들을 모아 실생활에 활용한다. 그것이 자라나는 곳이 전답의 주변이든 산속이든 상관없이 모든 식물은 그 나름 대로의 용도로 사용되는 것이다. '버르체burtse'는 연료와 가축 사료로 쓰이고 '야그자스yagdzos'는 지붕을 만드는 데 쓰인다. 또 가시가 많은 '체르망tsermang'으로는 동물들이 밭을 망치는 것을 막기 위해 세우는 울타리를 만든다. '데목demok'은 빨간색 염료로 쓰이고 다른 것들은 약용이나 식용, 혹은 향료나 바구니를 만들기 위해 쓰인다.

외양간에 있는 흙은 비료로 쓰인다. 결과적으로 가축의 분뇨마저도 재활용이 되는 것이다. 가축의 배설물은 외양간이나 우리뿐만이 아니라 방목지의 초원에서도 주워 모은다. 또 사람의 배설물까지도 그냥 버리는 일이 없다. 라다크의 가정에서는 수직으로 된 수로 위쪽으로 1층 높이의 재래식 화장실이 있는데, 화장실에서 모은 배설물에 흙과 화로에서 나온 재를 섞으면 약취가 제거되고 화학적 분해가 활발해져 아주 좋은 퇴비가 만들어진다. 그렇게 해서 만들어진 퇴비를 1년에

한 번씩 수거하여 비료로 활용하는 것이다.

라다크 사람들은 그런 식으로 아주 오랜 세월 모든 것을 재활용해왔다. 말 그대로 아무것도 그냥 버려지지 않는 것이다. 그렇게 열악한 자원만을 가지고 라다크의 농부들은 거의 완벽한 자립을 이룰 수 있었다. 외부세계에 의존하는 것이라고는 소금과 차 그리고 요리기구나 공구 같은 몇 가지 금속 제품들뿐이다.

— 헬레나 노르베르-호지, 양희승 옮김, 『오래된 미래』, 중앙북스, 75~76쪽

토론 1. 라다크의 전통적인 삶의 방식을 '순환적인 자립' 이라 부를 수 있다. 자연의 순환 방식을 생활의 방식으로 받아들인 라다크인의 삶의 방식에 대해 함께 토론해보자.

토론 2. 우리의 전통적인 생활 방식 또한 자연 친화적인 것이었다. 우리네 전통생활 중에서 자연친화적 생활 방식에 대해 알아보자.

토론 3. 동화 『강아지 똥』(권정생 작)은 더럽고 하찮은 '강아지 똥' 에서 어떻게 생명이 탄생하는지를 감동적으로 그리고 있다. 〈강아지 똥〉을 읽고 자연 순환 속에시 생명의 의미를 다시 한번 생각해 보자.

[제시문 3]

라다크에서 개발 계획이 진행되는 과정을 보면 돈과 기술 가운데 어느 것이 과연 그 변화의 보다 근본적인 원인이 되는지를 구분하기가 어려워진다. 그러나 분명한 것은 그 두 가지는 서로 밀접하게 연결되어 있으며 사회의 구조 변화에 기초를 이루고 있다는 사실이다. 아직까지 라다크 내에서 기술 수준의 변화가 광범위하게 이루어진 것은 아니지만 현재의 추세가 계속된다면 머지않아 그런 시점에 이를 것으로 보인다. 그리고 지금까지 나타난 변화들만으로도 서구식 기술 개발의 부작용을 설명하기에는 충분하다고 생각된다. 하나의 예가 되는 것은 최근 레에 세워진 디젤엔진구동식 제분공장이다. 이곳에서는 예전 수력을 이용하던 방앗

간에 비해 몇 배나 더 빠른 속도로 곡식을 빻지만 농부들은 그곳까지 곡식을 가져오기 위해 먼 길을 이동해야 하고 제분 비용을 지불해야 한다. 또 작업의 속도를 올리는 과정에서 열이 발생하는데 그로 인해 곡물의 영양가는 감소되기 마련이다. 게다가 이 공장은 오염된 가스를 공기 중에 내뿜기도 한다.

— 헬레나 노르베르-호지, 양희승 옮김, 『오래된 미래』, 중앙북스, 203~204쪽

토론 1. 개발이 야기하는 다양한 문제를 생각해보자.

토론 2. 대량 소비의 시대이다. 일상생활 속 우리들의 소비 방식에 대해 이야기해 보자.

| 글쓰기 |

최근의 전 지구적인 이상 기후 현상은 지구 생태가 얼마나 위험한 상황에 있는지를 보여주는 증거이다. 이 위기를 극복하기 위해서 무엇이 가장 필요한지 각자의 생각을 글로 써 보자.

❰ 함께 읽기 좋은 자료 ❱

슈마허, 『작은 것이 아름답다』(문예출판사, 2002)

이반 일리히, 『성장을 멈춰라』, 『학교 없는 사회』(미토, 2004)

김종철 엮음, 『녹색평론』(녹색평론사, 격월간)

김종철 엮음, 『녹색평론선집1, 2, 3』(녹색평론사, 2009)

KBS다큐멘터리, 『차마고도』

Ⅱ 『문화의 수수께끼』를 읽고 쓰다

| 학습목표 |

• 『문화의 수수께끼』를 읽고 문화적 상대성의 원리에 기초하여 문화유물론의 시각에서 바라보는 문화적 현상의 해석의 특징이 무엇인지 살펴본다.

| 해제와 저자 소개 |

●해제

1974년에 출간된 『문화의 수수께끼』의 원제는 『암소, 돼지, 전쟁, 그리고 마녀 : 문화의 수수께끼Cows, Pigs, Wars and Witches; The Riddles of Culture』이다. 저자인 마빈 해리스는 이 책에서 여러 지역과 민족의 다양한 관습을 분석하되 그 원인을 철저히 물질적인 데서 찾는다. 이를테면 중동지역 사람들(이슬람교/유태교도)이 돼지고기를 금기하는 현상에 대해 그는 다음과 같이 설명한다. 돼지는 양이나 염소처럼 풀만 먹지 않고 주로 곡식을 먹기 때문에 인간과 먹이를 두고 경쟁하며, 그로 인해 키우는데 있어 다른 가축에 비해 더 많은 노력과 시간이 필요하다. 뿐만 아니라 돼지는 늘 촉촉하게 젖어있어야 하는 동물인데 기후가 건조한 중동의 낮 기온은 너무 높아서 돼지는 식용으로 사육하기에 생태학적으로 적합하지 않다. 이 때문에 고대 중동지역에서 돼지고기는 사치품이었으며, 그래서 돼지고기에 대한 욕망은 점점 커질 수밖에 없게 된다. 문제는 이러한 욕망이 사회적으로 많은 갈등을 불러일으키고 경제적으로 큰 손실을 가져온다는 데 있다. 돼지고기를 먹고 싶어하는 욕망이 커질수록, 사회적 금기의 필요성은 점점 증대되는 것이다. 이와 같은 욕망과 금기의 상관성은 근친상간이나 간통과 같은 성적 유혹들에 관해 많은 신들이 강력하게 관여하려는 이유를 설명해준다. 소규모의 사육은 돼지고기에 대한 유혹을 크게 하므로 돼지고기의 식용 자체를 금지하는 것이다. 유태교의 야훼와 이슬람교의 알라 신이, 돼지는 불결하니 먹지도 만지지도 말라고 한 이유가 바로 여기에 있는 것이다. 이방인의 눈에 비합리적으로 보이는 관습도 그 지역의 생태학적 관점에서 볼 때 극히 합리적인 기능과 역할을 한다는 깨우침은 문화인류학의 탁월한 성과이며, 『문화의 수수께끼』는 그것의 구체적인 사례를 보여주는 저작이라고 할 수 있다.

●저자 소개

마빈 해리스(1927~2001)는 1927년 미국 뉴욕의 브루클린에서 태어났다. 1953년 컬럼비아대학교에서 철학박사 학위를 취득하고, 같은 해부터 1980년까지 컬럼비아대학교 인류학과에 재직하였으며 이후 2000년까지 플로리다대학교 연구교수를 역임하였다. 문화인류학자이자 문화유물론자로서 브라질 · 모잠비크 · 에콰도르 · 인도 등 세계 각지를 현지 답사하면서 문화유물론의 체계를 정립하였다. 특히 문화생태학적 측면에서 가족 제도와 재산, 정치와 경제 제도, 종교와 음식 등의 진화나 발전의 원인 · 결과를 추적하는 데 주력하였으며, 식민지주의의 영향과 저개발국가의 여러 문제, 인종과 민족의 관계 등에 대한 비교 문화 연구에도 각별한 관심을 보이는 등 20세기의 가장 뛰어난 문화인류학자 가운데 한 사람으로 꼽힌다. 주요 저서로는 『인류학 이론의 기원』(1968), 『문화의 수수께끼』(1974), 『식인과 제왕』(1977), 『문화유물론』(1979), 『음식문화의 수수께끼』(1985), 『음식과 혁명』(1998) 등이 있다.

| 읽고 생각하기 |

▶『문화의 수수께끼』의 저술 방향과 의의

마빈 해리스의 문화의 수수께끼(1974)는 세계의 다양한 문화 중 우리가 궁금증을 지니고 있는 다양한 문화 현상에 대한 원인을 명쾌하게 밝히고 있는 책이다. 힌두교의 암소 숭배와 유태인과 무슬림의 돼지 혐오, 원시 사회에서의 전쟁의 의미와 그 원인, 남녀 불평등의 원인과 그로 인해 생겨난 생활 문화, 유령화물과 기독교적 메시아니즘, 마녀와의 관련성 등을 실증적, 경험적인 자료를 통해 에믹emic이 아닌 에틱etic의 관점에서 흥미롭게 해석하고 있다. 이 책의 내용을 파악하기 위해서는 문화 현상에 대한 작가의 접근 방식인 문화유물론의 관점에 대한 기본 개념을 알고 있어야 한다. 각 장은 독립된 하나의 주제로 이루어져 있지만 전체적인 글의 흐름으로 볼 때 몇 개의 장이 하나의 주제 아래에서 묶여져 있는 형태로 구성되어 있다. 예를 들어, 2장과 3장에서는 암소 숭배와 돼지 숭배 및 돼지 혐오에 대한 문화적 현상을 통해 문화 상대주의의 입장에서 현상을 이해하려고 하였으며, 4장과 5장에서는 원시전쟁의 의미와 전쟁이 일어나는 원인과 남녀 불평등과 관련한 현상을 자연스럽게 이어서 기술하고 있다.

읽기 과제

▶요약하기란?

요약하기는 독자가 글의 내용 중 주요 정보를 중심으로 글의 내용을 자신의 글로 재구성해보는 활동이다. 이 중 지도 작성하기는 글의 내용을 파악하고 글을 구조화할 수 있는 기본적인 읽기 전략 활동으로서 요약하기 단계 중 가장 기본이 되는 활동이다.

과제 1. 『문화의 수수께끼』중 '2장 거룩한 어머니의 암소' 를 읽고 다음 지도를 작성해 보시오.

〈지도 작성하기〉

1. 현실의 삶과 전통적 생활양식
- ■
- ■
- ■

2. 생태계 : 단절과 지속
- ■
- ■
- ■

문화의 수수께끼-2. 거룩한 어머니의 암소

3. 금기의 근원
- ■
- ■
- ■

4. 관습에 대한 카스트간의 상이한 의미전달
- ■
- ■
- ■

과제 2. 아래 제시문에서 중요한 내용을 확인하고 이를 중심으로 다음의 지도를 작성해 보시오.

각 지역에 흩어져 살고 있는 마링족의 하부 집단이나 씨족들은 모두가 각기 12년에 한 번 꼴로 돼지 축제를 베푼다. 이 축제는 거의 일년이나 계속되며, 준비단계, 작은 규모의 희생제, 마지막으로 대규모 돼지도살제 등이 포함된다. 마링족은 이 축제를 카이코Kaiko라고 부른다. 축제가 끝난 후에 두세 달 이내에 축제를 연 씨족은 적대관계에 있는 다른 씨족들과 전쟁을 하여 많은 사상자를 내며 영토를 빼앗기거나 적의 영토를 빼앗는다. 남아 있는 돼지들은 전쟁 동안에 드리는 제사에 바쳐진다. 전쟁을 하는 중에, 승자나 패자나 모두가 숭배하는 조상들에게 바칠 큰 돼지들은 거의 남아 있지 않다는 것을 깨닫게 된다. 그러면 전쟁은 갑작스럽게 종식되고 성역에 모여 '룸빔Rumbim' 이라는 작은 나무들을 심는다. 성년이 된 씨족의 모든 남자들이 이 룸빔이라는 묘목이 따에 심어질 때, 그 나무 위에 손을 얹음으로써 이 의식에 참여한다.

전쟁 마술사the War Magician는 조상들에게 돼지를 다 잡아먹었다는 것과, 자신들이 전쟁에서 죽지 않고 살아 있음을 감사한다는 것을 아뢰는 주술을 왼다. 그는 전쟁이 끝났으면 룸빔이 땅에서 자라고 있는 한 다른 전쟁은 없을 것이라고 조상들에게 굳게 맹세한다. 그때부터 살아 있는 자들의 모든 생각과 노력은 돼지사육에 집중된다. 자기 조상들에게 감사의 제사를 올릴 수 있을 장엄한 '카이코(축제일)' 에 대비하여 충분한 돼지무리를 키워놓은 때에만, 무사武士들은 '룸빔' 을 뽑고 전장戰場으로 나갈 생각을 하게 된다.

쳄바가Tsembaga라고 불리는 씨족을 상세하게 연구한 결과 라파포트 교수는 완전한 한 사이클 – 이속에는 카이코와 카이코 이후 전쟁, 룸빔의 식목, 새로운 돼지 사육, 룸빔의 벌채, 새로운 카이코 등으로 연속된다 – 은 단순히, 광란적인 돼지 사육자들의 심리극(心理劇, psychodrama)이라고만은 할 수 없는 것들을 지니고 있다고 했다. 그 한 사이클이 움직여가는 국면 국면이, 자율적으로 조절되는 복잡한 생태계내에서 통합되어 있는 것이다. 그 생태계는 쳄바가족이 사용할 수 있는 자원과 생산활동에 적당한 인구 수 및 가축 수의 규모와 그 분배를 적절하게 조절한다. (3. 돼지 숭배자와 돼지 혐오자)

– 마빈 해리스, 『문화의 수수께끼』, 한길사, 2006, 54~55쪽

〈지도 작성하기〉

1. 카이코 ■ ■ ■		2. 룸빔 ■ ■ ■
	돼지 숭배와 인간 문제의 해결	
3. 전쟁 ■ ■ ■		4. 쳄바가 씨족의 연구 결과 ■ ■ ■

과제 3. 다음 글을 읽고 물음에 답하시오.

마녀광란은 '결함이 있는 제도적 구조의 반성' 과는 거리가 멀었고, 반대로 그 제도적 구조를 방어하는 필수적 수단의 하나였다. 이 점은 그 당시 마녀광란의 안티테제를 이루었던 전투적 메시아니즘과 마녀광란을 비교해보면 분명히 밝혀질 수 있다. 마녀광란이나 전투적 메시아니즘 운동은 모두 부분적으로나마 기존 교회의 지지를 받고 있었던 일반 종교적 주제들을 체현體現시키는 것들이었다. 그것들은 모두 기존의 생활양식상의 의식 위에서 생겨난 것들이었다. 그러나 그 둘의 결과는 서로 전혀 달리 나타났다. 전투적 메시아니즘은 가난한 자들과 무산자無産者들을 단합시켰다. 전투적 메시아니즘은 그들간의 사회상의 거리를 줄일 수 있는 집단 소명감을 주었고 서로 '형제와 자매' 로 느낄 수 있게 했다. 이 사상은 유럽 전역의 대중들을 가동시킴으로써 그들의 에너지를 특정시간과 특정장소로 집중시켜 무산 영세대중과 사회의 정상에 있는 자들과의 대결로 유도해갔다. 이와 반대로 마법광란은 모든 저항할 수 있는 잠재에너지를 분산시켰다. 마법광란은 가난한 자와 무산자들의 저항운동의 가능성을 박탈하고, 서로간의 사회적 거리감을 조장시키며, 서로 의심하게 하고, 이웃끼리 싸우게 하며, 모든 사람들을 소외되게 했고, 모든 사람들을 공포에 몰아넣었으며, 불신을 고조시켰고, 무기력하게 만들었으며, 그 결과 지배계급에 의존하게 했으며, 단순한 지역적인 문제에 모든 사람들이 분노하고 좌절하게 했다. 이렇게 하여 마법광란은 부의 재분배와 사회계급 타파를 요구하고 교회제도와 사회제도에 대결할 수 있는 능력을 점점 더 가난한 자들로부터 박탈하였다. <u>마녀광란은 과격한 전투적 메시아니즘을 거꾸로 바꾸어 놓은 것이었다.</u> 마법광란은 사회 특권층의 마법적 총탄이었다. 바로 이것이 마녀광란의 감추어진 비밀이었던 것이다. (11. 미개족의 남성)

— 마빈 해리스, 『문화의 수수께끼』, 한길사, 2006, 224쪽

1) 위의 글을 읽고 아래의 그림 지도를 채워 보시오.

1. 마녀광란	2. 전투적 메시아니즘
■ ■ ■	■ ■ ■

2) 위의 글에서 밑줄 친 문장의 의미에 대하여 이야기하여 보시오.

과제 4. 다음 글을 읽고 밑줄 친 문장의 의미에 대해 이야기하여 보시오.

> 우리는 경찰력과 군사력을 배제한다는 의미가, 육체적인 힘에 의존하는 전투술을 배제하고 보다 개선된 전투술을 개발해내는 결과가 되어서는 안되고, 경찰력과 군사력 그 자체를 필요로 하지 않는 결과가 나타나기를 희망하자. 순수한 성혁명性革命의 결과가 핵미사일 부대장이나 핵부대 사령관직을 남성 아닌 여성이 장악하는 것이 된다면, 우리는 원시 야노마모족의 상태에서 벗어난 것이 별로 없는 상태가 될 것이다. (5. 미개족의 남성)
>
> – 마빈 해리스, 『문화의 수수께끼』, 한길사, 2006, 107쪽

| 토론과 글쓰기 |

과제 1. 문화의 수수께끼 중 '2. 거룩한 어머니의 암소' 를 읽고, 위의 글에서 밑줄 친 부분인 '자연환경적 요인' 에 초점을 두어 인도에서 암소를 숭배하게 된 원인이 구체적으로 무엇인지를 이야기하여 보시오.

> 마빈 해리스는 인류학 연구의 궁극적이니 목적은 '자의적' 인 관념론적 문화해석을 넘어서는 실증적, 경험적인 '문화과학' 을 확립하는 것이라고 했다. 그는 저서 『문화유물론 : 문화과학을 위한 투쟁(Cultural Materialism : The Struggle for Sceince of

Culture)』에서 문화유물론의 주요 분석틀을 제시하는 한편 문화유물론의 우수성을 입증하기 위해 관념론적인 여러 이론들과 변증법적 유물론을 비판하고 있다. .... (중략)....... 그러면서 그는 문화를 세 차원으로 분류한다. 첫째, 문화의 토대가 되는 하부구조는 생존기술이나 환경, 생태계 작업 양식 등이다. 이러한 하부구조의 토대 위에 둘째, 문화의 배경구조가 될 가정경제와 정치경제 등이 생성된다. 셋째, 이런 배경구조 위에 상부구조인 문화체계가 드러나게 된다. 우리는 이런 문화체계를 미술, 음악, 춤, 문학, 광고, 의식, 스포츠, 과학 등으로 나누어 부르곤 한다. 이러한 태도로 마빈 해리스는 중동의 돼지고기 금기, 인도의 소 숭배, 오스트레일리아 원주민의 화물숭배 등 언뜻 보기엔 단순한 종교현상으로 생각되는 여러 문화가 사실은 자연환경적 요인에 기인한다고 설명했다. (249~251쪽)

– 김웅교(2010), "다섯 가지 특징으로 문화 읽기", 『한국어와 문화』 제7집, 243~276쪽

과제 2. 아래의 글을 참조하여 '문화의 수수께끼' 에서 저자인 마빈 해리스가 갖고 있는 문화적 다원성에 기반을 한 문화 상대주의에 대한 관점에 대하여 논하시오.

마빈 해리스의 '문화의 수수께끼' 는 이해되지 않는 다른 문화에 대한 지속적인 이해를 전제하고 있는 책이다. 다양한 문화가 존재하고 그 안에서 권력 관계가 형성되는 상황 속에서 다른 문화를 있는 그대로 이해하기란 쉽지 않다. 우리 문화에서는 용납할 수 없는 것이지만 그 문화도 나름의 의미가 있는 것이니 비난할 수 없다는 정도의 모호한 개방성이 우리의 기본적인 태도가 아닐까 싶다. 그러나 마빈 해리스는 도저히 이해되지 않을 것 같은 삶의 양식도 "성性, 에너지 ,바람, 비 등 손으로 만질 수 있을 정도로 구체적이고 보편적인 현상들로 이뤄져 있고, 그런 현상들에 근거를 두고 있다" 고 말한다. 즉 어떤 문화의 동의할 수 없는 현상 속에서도 이해할 수 있는 객관적인 근거들을 찾을 수 있다는 것이다. 따라서 지금까지 절대적인 잣대를 통해 문화의 우열을 따지거나 배타적이지는 않았으나 이해할 수도 없었던 다양한 문화에 대한 진정한 이해를 요구하는 것이다.

이러한 주장을 구체화하기 위해 마빈 해리스는 힌두교인들의 암소 숭배, 포트

래취, 마녀사냥 등 다양한 사례들을 제시한다. 암소를 죽이고 쇠고기를 먹는 것을 금하는 관행은 암소숭배로 말미암은 것이라는 점을 부인할 사람은 한 사람도 없을 것이다. 그러나 암소를 죽이고 우육牛肉을 먹는 것을 금하는 금기가 인간의 생존과 복지에 필연적으로 나쁜 결과를 가져온다고 생각하지는 않는다. (후략)

[심층 고전 읽기] 마빈 해리스 '문화의 수수께끼' (한국경제신문 2006년 5월 8일 기사)

http://www.hankyung.com/news/app/newsview.php?aid=2006050341341&intype=1

과제 3. 아래의 글을 읽고 물음에 답하시오.

1) 진정한 평등주의적 사회에서는 왜 공개적으로 감사의 표시를 하지 않는지 설명하시오.
2) 현대 사회에서 '겸손' 은 어떠한 역할을 하고 있는지에 대해 이야기하여 보시오.
3) 일상 생활에서 '자만심' 때문에 중요한 일을 그르친 경우가 있다면 이야기하고 그 일을 통해 배운 점에 대해 이야기하여 보시오.

토론토대학교의 리차드 리Richard Lee 교수는 평등주의적 사회의 사냥꾼과 채집자 사이에 행해지고 있는 호혜적 교환이 지니고 있는 의미에 관해 재미있는 이야기를 한 가지 하고 있다. 리 교수는 일년의 대부분을 칼라하리 사막 주변에 살고 있는 '부시멘족Bushmen' 을 따라다니며 그들의 식생활을 관찰했다. 리 교수는 부시멘족의 협조적인 태도에 감사하여 무슨 감사의 표시를 하고 싶었다. ... (중략) ... 리 교수는 야영지로 돌아와 자기는 생전 처음 본 거대한 몸집을 한 수소를 사 놓았는데, 그것을 크리스마스 선물로 선사를 할테니 잡아먹으라고 부시멘 친구들에게 설명을 했다. ... (중략) ... 리 교수는 부시멘 친구들에게 다가가 이 소가 이 정도면 살찐 소가 아니냐고 물었다. "좋소, 물론 우리는 이 수소가 굉장히 좋은 고기를 제공하였다는 것은 알고 있소. 그러나 한 젊은이가 많은 사냥감을 잡게 될 때에 자신을 마치 대인이나 추장같이 여기게 되죠. 그리고 우리 나머지 사람들을 마치 자기의 종인 것처럼 생각하거나 자기보다 못한 사람들이라고 생각하게 되죠. 우리는 이 점을 인정할 수 없는 것이오." 그는 말을 이었다. "우리는 자랑하고 다니는 놈들을 거부합니다. 왜냐하면 그의 자만심이 언젠가 그로 하여금 누군가를 죽이게 하니까요. 그래서 우리는 항상 그가 잡아온 고기가 별 쓸모없다고 해주지요. 그래야만 그의 심장은 식게 되고 겸손하게 되지요." (6. 포트래취)

— 마빈 해리스, 『문화의 수수께끼』, 한길사, 2006, 122~123쪽

과제 4. 아래의 논제에 대해 답하시오.

- 호혜성 경제 체제가 붕괴되게 되는 과정을 재분배 방식과 관련하여 기술하시오.
- 대체로 원시사회에서 전쟁이 인구를 조절하는 효과적인 수단이라고 말할 수 있는 이유에 대해 설명하시오.
- 현대를 살아가는 우리에게 원시성은 진정 제거되었는가에 대해 토론하시오.

◖ 함께 읽기 좋은 자료 ◗

마빈 해리스 『식인과 제왕』(Cannibals and Kings: The Origins of Cultures)(1977)

마빈 해리스 『문화유물론 : 문화과학을 위한 투쟁』(Cultural Materialism: The Struggle for Sceince of Culture)(1979)

마빈 해리스 『음식문화의 수수께끼』(The Sacred Cow and the Abominable Pig: Riddles of Food and Culture)(1985)

III 『백석 詩』를 읽고 쓰다

| 학습 목표 |

- 속도의 시대를 사는 우리가 시를 읽어야 하는 이유에 대해 생각해 본다.
- 백석 詩를 읽고 이를 바탕으로 문학적 감성을 기르고 정서를 배양한다.
- 백석 詩에 나타난 '고향–사랑–외로움'에 관한 정서를 이해하고 시적 공감을 해 본다.
- 다른 시인들의 시와 비교하며 상호텍스트 읽기를 해 본다.
- 공감을 바탕으로 한 편의 시를 써 본다.

| 작품 해설 |

●해제

백석은 모국어의 확장과 다양한 시적 기법의 활용이라는 점에서 한국현대시사의 새로운 영역을 개척한 시인이다. 평북 정주지역의 방언들과 토속적인 소재들을 통해 훼손되지 않은 농촌 공동체의 원형을 복원함으로써 일제강점기하의 민족적 정서, 면면히 내려오던 한민족의 삶의 모습을 형상화하였다. 그뿐만 아니라 백석은 우리말의 구문들을 다

채롭게 활용함으로써 한국말의 묘미와 시적 아름다움을 탁월하게 보여주었으며, 정제된 형식의 시를 뛰어넘어 장황한 사설체나 이야기 형식을 시에 도입함으로써 우리 시의 새로운 미적 경지를 개척하였다. 아울러 그의 시는 시각을 비롯하여 청각, 후각, 촉각, 미각 등의 모든 감각을 동원하여 시적 대상과 교감함으로써 토속적인 생활정취를 생생하게 그려내었다. 특히 백석의 시는 서정적 주체의 자기 내면을 찬찬하게 응시하고 이를 섬세하고 투명한 언어에 담아냄으로써 삶의 슬픔과 고뇌를 감동적으로 그려내는, 육화된 서정의 절정을 보여주었다. 백석의 시는 우리에게 한국어의 아름다움과 시적 서정의 감동을 섬세하게 경험하게 해 줄 것이다.

백석이 생전에 발간한 시집은 『사슴』이 유일하다. 1936년에 간행된 시집에는 독특한 방언과 개성적인 서정을 구사한 작품들이 다수 수록되어 있으며, 이 작품들을 관통하는 시적 방법은 객관화라고 할 수 있다. 백석은 고향의 민속과 풍물을 다루되 일정한 거리를 취하는 묘사나 이야기 형식을 통해 형상화함으로써 감정과 정서의 직접적인 노정을 피한다. 등단작인 「정주성」을 비롯하여 「고야」 「여우난곬족」 「나와 지렝이」 「여승」 「修羅」 「절간의 소 이야기」 「오금덩이이라는 곳」 등 35편의 작품이 『사슴』에 수록되어 있다. 『사슴』 이후의 작품들은 정서와 생각을 직접 술회하는 방향으로 전환된다. 이 시기에도 풍물을 기록한 기행시들이 다수 있지만, 이전과 달리 자신의 정서를 자연스럽게 피력하는 경향을 보인다. 「나와 나타샤와 당나귀」를 비롯하여 「내가 생각하는 것은」 「팔원」 「북방에서」 「국수」 「흰 바람벽이 있어」 「남신의주유동박시봉방」 「귀농」 「목구」 「조당에서」 그리고 〈통영 연작〉 등이 이에 속한다.

●저자 알아보기

백석(1912~1995년 추정)은 1912년 평북 정주에서 『조선일보』의 사진반장을 지낸 부친 백용삼(백시박)과 모친 이봉우 사이에서 장남으로 태어났다. 본명은 기행夔行으로 알려져 있지만 기연基衍으로도 불렸으며 주로 백석白石으로 활동했다. 1918년 오산소학교와 1924년 오산고등보통학교를 거쳐 1930년 조선일보 후원장학생으로 도쿄 아오야마青山 학원 영어사범과에 입학하여 영문학을 전공하였다. 1930년 조선일보 작품 공모에 단편소설 「그 母와 아들」이 당선되어 등단하였다. 1934년 귀국

후 조선일보사에 입사하여 계열사 잡지인 『여성』, 이후 『조광』의 편집일을 담당하였으며, 1936년 조선일보에 「정주성」을 발표하고 시집 『사슴』을 간행하였다. 1937년 영생고보 교사로 취업하였고 같은 해 결혼하였다. 이후 만주와 경성을 오가며 측량보조원, 측량 서기를 비롯하여 세관과 광산 등지에서 일했으며, 해방 후 조선민주당의 조만식 선생의 통역비서로 일했다고 전해진다. 분단 후 김일성 대학에서 영어와 러시아를 강의하였으며 다수의 러시아 작가들의 작품을 번역하였다. 1963년에 사망했다고 알려졌지만, 최근 83세의 나이로 1995년 세상을 떠난 것으로 전해지고 있다.

| 작품 읽기 |

제시문 1) 첫 번째 테마 : 고향

읽기 요점 :

❶ 고향의 존재가 시에서 서정성을 형성하는 원리를 이해한다.
❷ 백석의 시에 나타나는 고향을 살펴보고 오늘날 우리의 삶에서 고향이 어떤 의미를 가질 수 있을지 성찰한다.
❸ 고향의 심상을 구성하는 여러 가지 요소들을 확인하면서 시를 읽어간다.
❹ 고향 의식의 상실과 회복에 대해 성찰한다.

[시 1]

고야(古夜)

아배는 타관 가서 오지 않고 산비탈 외따른 집에 엄매와 나와 단둘이서 누가 죽이는 듯이 무서운 밤 집 뒤로는 어늬 산골짜기에서 소를 잡어먹는 노나리꾼들이 도적놈들같이 쿵쿵거리며 다닌다

날기멍석을 저간다는 닭보는 할미를 차 굴린다는 땅아래 고래 같은 기와집에는 언제나 니차떡에 청밀에 은금보화가 그득하다는 외발 가진 조마구 뒷산 어느메도 조마구네 나라가 있어서 오줌 누러 깨는 재밤 머리맡의 문살에 대인 유리창으로 조마구 군병의 새까만 대가리 새까만 눈알이 들여다보는 때 나는 이불 속에 자즈러붙어 숨도 쉬지 못한다

또 이러한 밤 같은 때 시집갈 처녀 막내고무가 고개 너머 큰집으로 치장감을 가지고 와서 엄매와 둘이 소기름에 쌍심지의 불을 밝히고 밤이 들도록 바느질을 하는 밤 같은 때 나는 아릇목의 삿귀를 들고 쇠든밤을 내여 다람쥐처럼 밝어먹고 은행여름을 인두불에 구워도 먹고 그러다는 이불 우에서 광대넘이를 뒤이고 또 누어 굴면서 엄매에게 웃목에 두른 평풍의 새빨간 천두의 이야기를 듣기도 하고 고무더러는 밝는 날 멀리는 못 난다는 뫼추라기를 잡어 달라고 조르기도 하고

내일같이 명절날인 밤은 부엌에 쩨듯하니 불이 밝고 솥뚜껑이 놀으며 구수한 내음새 곰국이 무르끓고 방안에서는 일가집 할머니가 와서 마을의 소문을 펴며 조개송편에 달송편에 죈두기송편에 떡을 빚는 곁에서 나는 밤소 팥소 설탕 든 콩가루소를 먹으며 설탕 든 콩가루소가 가장 맛있다고 생각한다
나는 얼마나 반죽을 주무르며 흰가루손이 되여 떡을 빚고 싶은지 모른다

섣달에 냅일날이 들어서 냅일날 밤에 눈이 오면 이 밤엔 쌔하얀 할미귀신이 눈귀신도 냅일눈을 받노라 못 난다는 말을 든든히 녀기며 엄매와 나는 앙궁 우에 떡돌 우에 곱새담 우에 한지에 버치며 대냥푼을 놓고 치성이나 드리듯이 정한 마음으로 냅일눈 약눈을 받는다
이 눈세기물을 냅일물이라고 제주병에 진상항아리에 채워두고는 해를 묵여가며 고뿔이 와도 배앓이를 해도 갑피기를 앓어도 먹을 물이다

— 『사슴』, 1936. 1.

[시 2]

가즈랑집

승냥이가 새끼를 치는 전에는 쇠메 든 도적이 났다는 가즈랑고개

가즈랑집은 고개 밑의
산너머 마을서 도야지를 잃는 밤 즘생을 쫓는 깽제미 소리가 무서웁게 들려오는 집
닭 개 즘생을 못 놓는
멧도야지와 이웃사춘을 지나는 집

예순이 넘은 아들 없는 가즈랑집 할머니는 중같이 정해서 할머니가 마을을 가면 긴 담뱃대에 독하다는 막써레기를 몇 대라도 붙이라고 하며

간밤엔 섬돌 아래 승냥이가 왔었다는 이야기
어느메 산골에선간 곰이 아이를 본다는 이야기

나는 돌나물김치에 백설기를 먹으며
옛말의 구신집에 있는 듯이
가즈랑집 할머니
내가 날 때 죽은 누이도 날 때
무명필에 이름을 써서 백지 달어서 구신간시렁의 당즈깨에 넣어 대감님께 수영을 들였다는 가즈랑집 할머니
언제나 병을 앓을 때면
신장님 단련이라고 하는 가즈랑집 할머니
구신의 딸이라고 생각하면 슬퍼졌다

토끼도 살이 오른다는 때 아르대즘퍼리에서 제비꼬리 마타리 쇠조지 가지취 고비 고사리 두릅순 회순 산나물을 하는 가즈랑집 할머니를 따르며
나는 벌써 달디단 물구지우림 동굴레우림을 생각하고
아직 멀은 도토리묵 도토리범벅까지도 그리워한다

뒤울안 살구나무 아래서 광살구를 찾다가
살구벼락을 맞고 울다가 웃는 나를 보고
밑구멍에 털이 몇 자나 났나 보자고 한 것은 가즈랑집 할머니다
찰복숭아를 먹다가 씨를 삼키고는 죽는 것만 같어 하로종일 놀지도 못하고 밥도 안 먹은 것도
가즈랑집에 마을을 가서
당세 먹은 강아지 같이 좋아라고 집오래를 설레다가였다

— 『사슴』, 1936. 1.

[시 3]

하답(夏畓)

짝새가 발뿌리에서 닐은 논드렁에서 아이들은 개구리의 뒷다리를 구어 먹었다

게구멍을 쑤시다 물쿤하고 배암을 잡은 눞의 피 같은 물이끼에 햇볕이 따그웠다

돌다리에 앉어 날버들치를 먹고 몸을 말리는 아이들은 물총새가 되었다

— 『사슴』, 1936. 1.

〈물총새〉

※원전을 현대어 표기에 따라 옮김. 이하 동일

읽기 과제

❶ 고향이 풍속과 가족 구성원들과 연결되는 양상과 이유를 이해한다.

❷ 고향이 유년의 기억 및 음식과 관련되는 양상을 살피는데, 다음 시 백석의 〈국수〉를 함께 읽는다.

눈이 많이 와서
산엣새가 벌로 나려 멕이고
눈구덩이에 토끼가 더러 빠지기도 하면
마을에는 그 무슨 반가운 것이 오는가보다
한가한 애동들은 어둡도록 꿩사냥을 하고
가난한 엄매는 밤중에 김치가재미로 가고

마을을 구수한 즐거움에 싸서 은근하니 홍성홍성 들뜨게 하며
이것은 오는 것이다
이것은 어늬 양지귀 혹은 능달쪽 외따른 산 옆 은댕이 예데가리밭에서
하로밤 뽀오한 흰 김 속에 접시귀 소기름불이 뿌우현 부엌에
산멍에 같은 분틀을 타고 오는 것이다
이렇은 아득한 옛날 한가하고 즐겁든 세월로부터
실 같은 봄비 속을 타는 듯한 여름볕 속을 지나서 들쿠레한 구시월 갈바람 속을 지나서
대대로 나며 죽으며 죽으며 나며 하는 이 마을 사람들의 으젓한 마음을 지나서 텁텁한 꿈을 지나서
지붕에 마당에 우물둔덩에 함박눈이 푹푹 쌓이는 여늬 하로밤
아배 앞에 그 어린 아들 앞에 아배 앞에는 왕사발에 아들 앞에는 새끼사발에 그득히 사리워 오는 것이다
이것은 그 곰의 잔등에 업혀서 길여났다는 먼 옛적 큰마니가
또 그 집등색이에 서서 자채기를 하면 산 넘엣 마을까지 들렸다는
먼 옛적 큰아바지가 오는 것같이 오는 것이다

아, 이 반가운 것은 무엇인가
이 히수무레하고 부드럽고 수수하고 슴슴한 것은 무엇인가
겨울밤 쩡하니 닉은 동티미국을 좋아하고 얼얼한 댕추가루를 좋아하고 싱싱한 산꿩의 고기를 좋아하고
그리고 담배 내음새 탄수 내음새 또 수육을 삶는 육수국 내음새 자욱한 더북한 삿방 쩔쩔 끓는 아르궅을 좋아하는 이것은 무엇인가

이 조용한 마을과 이 마을의 으젓한 사람들과 살틀하니 친한 것은 무엇인가
이 그지없이 고담하고 소박한 것은 무엇인가

— 『문장』 3권 4호, 1941. 4.

❸ 고향과 관련되는 여러 가지 요소들이 백석의 시에서 어떻게 서정적 분위기를 고조하는가?

제시문 2) 두 번째 테마 : 사랑

읽기 요점 :

❶ 시인의 삶과 시의 관련성에 대해 이해하며 시를 읽는다.
❷ 대상에 대한 통찰을 바탕으로 새로운 의미를 발견한다.
❸ 기억이 한 편의 시가 되는 과정을 안다.
❹ 백석이 시에서 실현한 사랑을 각자가 지금 추구하는 사랑과 견주어 읽는다.

[시 1]

나와 나타샤와 흰 당나귀

가난한 내가
아름다운 나타샤를 사랑해서
오늘밤은 푹푹 눈이 나린다

나타샤를 사랑은 하고
눈은 푹푹 날리고
나는 홀로 쓸쓸히 앉어 소주를 마신다
소주를 마시며 생각한다
나타샤와 나는
눈이 푹푹 쌓이는 밤 흰 당나귀 타고
산골로 가자 출출이 우는 깊은 산골로 가 마가리에 살자

눈은 푹푹 나리고
나는 나타샤를 생각하고
나타샤가 아니 올 리 없다
언제 벌써 내 속에 고조곤히 와 이야기 한다
산골로 가는 것은 세상한테 지는 것이 아니다
세상 같은 건 더러워 버리는 것이다

눈은 푹푹 나리고
아름다운 나타샤는 나를 사랑하고
어데서 흰 당나귀도 오늘밤이 좋아서 응앙응앙 울을 것이다

—『여성』 3권 3호, 1938. 3.

[시 2]

바다

바닷가에 왔드니
바다와 같이 당신이 생각만 나는구려
바다와 같이 당신을 사랑하고만 싶구려

구붓하고 모래톱을 오르면
당신이 앞선 것만 같구려
당신이 뒤선 것만 같구려

그리고 지중지중 물가를 거닐면
당신이 이야기를 하는 것만 같구려
당신이 이야기를 끊는 것만 같구려

바닷가는
개지꽃에 개지 아니 나오고
고기비눌에 하이얀 햇볕만 쇠리쇠리하야
어쩐지 쓸쓸만 하구려 섧기만 하구려

— 『여성』 2권 10호, 1937. 10.

[시 3]

통영(統營)

구마산의 선창에선 좋아하는 사람이 울며 나리는 배에 올라서 오는 물길이 반날
갓 나는 고당은 갓갓기도 하다

바람맛도 짭짤한 물맛도 짭짤한

전북에 해삼에 도미 가재미의 생선이 좋고
파래에 아개미에 호루기의 젓갈이 좋고

새벽녘의 거리엔 쾅쾅 북이 울고
밤새껏 바다에선 뿡뿡 배가 울고

자다가도 일어나 바다로 가고 싶은 곳이다

집집이 아이만한 피도 안 간 대구를 말리는 곳
황화장사 령감이 일본말을 잘도 하는 곳
처녀들은 모두 어장주한테 시집을 가고 싶어한다는 곳
산 너머로 가는 길 돌각담에 갸웃하는 처녀는 금이라든 이 같고

내가 들은 마산 객주집의 어린 딸은 난이라는 이 같고

난이라는 이는 명정골에 산다든데
명정골은 산을 넘어 동백나무 푸르른 감로 같은 물이 솟는 명정샘이 있는 마을인데
샘터엔 오구작작 물을 긷는 처녀며 새악시들 가운데 내가 좋아하는 그이가 있을 것만 같고
내가 좋아하는 그이는 푸른 가지 붉게붉게 동백꽃 피는 철엔 타관 시집을 갈 것만 같은데
긴 토시 끼고 큰머리 얹고 오불고불 넘엣거리로 가는 여인은 평안도서 오신 듯한데 동백꽃 피는 철이 그 언제요

옛 장수 모신 낡은 사당의 돌층계에 주저앉어서 나는 이 저녁 울 듯 울 듯 한산도 바다에 뱃사공이 되어가며
녕 낮은 집 담 낮은 집 마당만 높은 집에서 열나흘 달을 업고 손방아만 찧는 내 사람을 생각한다

— 조선일보, 1936. 1. 23.

읽기 과제

❶ 시에서 마음에 드는 표현을 찾아 밑줄을 그어보자.

❷ 시인은 세상에 존재하는 모든 사물에 이름을 지어주는 자일 것이다. 다음 예문을 읽고, 사랑하는 사람에게 의미 있는 이름을 지어준 경험 (혹은 사물이나 자연에 이름을 붙여준 경험)과 그렇게 이름 붙인 이유와 그 이름을 부를 때 주는 정감에 대해 이야기해 보자.

하루는 호기심에 함흥 시내 번화가로 나들이 갔다가 일본인이 경영하는 히라다 백화점을 들어가보았다. 서울 못지않은 큰 규모에 물건도 비교적 풍부했다. 거기에는 특히 많은 책이 진열되어 있는 커다란 책방이 있었다.

이 서점에서 내가 평소에 애독하던 신간잡지 『문예춘추』와 『여원』 두 권을 사가지고 돌아서는데, 문득 『자야오가』라는 당시선집唐詩選集의 표지가 눈에 들어왔다. 나는 그 타이틀이 너무도 아름답고 또 낭만적인 느낌이 들어서 대뜸 사가지고 와서 당신께 보였다. 당신은 이를 반가이 받아들고 한참 동안 말없이 책장만 뒤적뒤적하였다. 그러더니 갑자기 의미심장한 미소를 머금고 눈빛을 반짝이며 나를 물끄러미 보더니 이렇게 말했다.

"나 당신에게 아호雅號를 하나 지어줄 거야. 이제부터 '자야子夜' 라고 합시다!"

— 중략 —

이렇게 해서 나는 뜻밖에 당신으로부터 멋스런 아호를 하나 얻게 되었다. 이것은 참으로 두 사람 마음이 너무 일치했기 때문이 아니었을까. 나에겐 당신이 지어준 '자야' 라는 이름이 그 무엇보다도 진귀하고 소중한 선물이 아닐 수 없었다. 그날부터 '자야' 는 이 세상에서 우리들만이 알고, 오직 우리 둘만이 서로 통하는 나의 애칭이 되었다. 그 이름을 불러줄 수 있는 분은 이 세상에서 오직 당신 뿐이었다.

— 김자야, 「당신만 아는 이름 '자야'」, 『내 사랑 백석』, 문학동네, 1995.

❸ 〈통영〉에서 미각적 심상을 찾아보고, 그것이 주는 효과에 대해 생각해 보자. 아울러 이 시에서 음식과 관련된 시어가 많이 등장하는 이유에 대해 알아보자.

제시문 3) 세 번째 테마 : 외로움

읽기 요점 :

❶ 시인이 되기 위해 필요한 자질이 무엇인지에 대해 생각하며 읽는다.

❷ 동일시와 투사 전략을 사용하여 시를 이해한다.

❸ '가난하고 외롭고 높고 쓸쓸한' 삶에 대한 이해를 바탕으로 삶을 성찰하는 시간을 가 진다.

❹ 시인이 시상을 이끌어가며 궁극적으로 지향하는 의미의 지점은 무엇인가를 생각하며 시를 읽는다.

[시 1]

흰 바람벽이 있어

오늘 저녁 이 좁다란 방의 흰 바람벽에
어쩐지 쓸쓸한 것만이 오고 간다
이 흰 바람벽에
희미한 십오촉 전등이 지치운 불빛을 내어던지고
때글은 다 낡은 무명샤쯔가 어두운 그림자를 쉬이고
그리고 또 달디단 따끈한 감주나 한잔 먹고 싶다고 생각하는 것은 내 가지가지 외로운 생각이 헤매인다
그런데 이것은 또 어인 일인가
이 흰 바람에
내 가난한 늙은 어머니가 있다
내 가난한 늙은 어머니가
이렇게 시퍼러둥둥하니 추운 날인데 차디찬 물에 손을 담그고 무이며 배추를 씻고 있다
또 내 사랑하는 사람이 있다
내 사랑하는 어여쁜 사람이
어늬 먼 앞대 조용한 개포가의 나지막한 집에서
그의 지아비와 마주앉어 대구국을 끓여놓고 저녁을 먹는다
벌써 어린 것도 생겨서 옆에 끼고 저녁을 먹는다

그런데 또 이즈음막하야 어늬 사이엔가
이 흰 바람벽엔
내 쓸쓸한 얼골을 쳐다보며
이러한 글자들이 지나간다
–나는 이 세상에서 가난하고 외롭고 높고 쓸쓸하니 살아가도록 태어났다
그리고 이 세상을 살어가는데
내 가슴은 너무도 많이 뜨거운 것으로 호젓한 것으로 사랑으로 슬픔으로 가득 찬다
그리고 이번에는 나를 위로하는 듯이 나를 울력하는 듯이
눈질을 하며 주먹질을 하며 이런 글자들이 지나간다
–하늘이 이 세상을 내일 적에 그가 가장 귀해하고 사랑하는 것들은 모두
가난하고 외롭고 높고 쓸쓸하니 그리고 언제나 넘치는 사랑과 슬픔 속에 살도록 만드신 것이다
초생달과 바구지꽃과 짝새와 당나귀가 그러하듯이
그리고 또 '프랑시쓰 잼' 과 도연명과 '라이넬 마리아 릴케' 가 그러하듯이

– 『문장』 3권 4호, 1941. 4.

[시 2]

남신의주 유동 박시봉방(南新義州柳洞朴時逢方)

어느 사이에 나는 아내도 없고, 또,
아내와 같이 살던 집도 없어지고,
그리고 살뜰한 부모며 동생들과도 멀리 떨어져서,
그 어느 바람 세인 쓸쓸한 거리 끝에 헤매이었다.
바로 날도 저물어서,
바람은 더욱 세게 불고, 추위는 점점 더해 오는데,
나는 어느 목수네 집 헌 삿을 깐,

한 방에 들어서 쥔을 붙이었다.
이리하여 나는 이 습내 나는 춥고, 누긋한 방에서,
낮이나 밤이나 나는 나 혼자도 너무 많은 것 같이 생각하며,
딜옹배기에 북덕불이라도 담겨 오면,
이것을 안고 손을 쬐며 재 우에 뜻없이 글자를 쓰기도 하며,
또 문밖에 나가디두 않구 자리에 누어서,
머리에 손깍지벼개를 하고 굴기도 하면서,
나는 내 슬픔이며 어리석음이며를 소처럼 연하여 쌔김질하는 것이었다.
내 가슴이 꽉 메어 올 적이며,
내 눈에 뜨거운 것이 핑 괴일 적이며,
또 내 스스로 화끈 낯이 붉도록 부끄러울 적이며,
나는 내 슬픔과 어리석음에 눌리어 죽을 수밖에 없는 것을 느끼는 것이었다.
그러나 잠시 뒤에 나는 고개를 들어,
허연 문창을 바라보든가 또 눈을 떠서 높은 턴정을 쳐다보는 것인데,
이때 나는 내 뜻이며 힘으로, 나를 이끌어가는 것이 힘든 일인 것을 생각하고,
이것들보다 더 크고, 높은 것이 있어서, 나를 마음대로 굴려 가는 것을 생각하는 것인데,
이렇게 하여 여러 날이 지나는 동안에,
내 어지러운 마음에는 슬픔이며, 한탄이며, 가라앉을 것은 차츰 앙금이 되어 가라앉고,
외로운 생각만이 드는 때쯤 해서는,
더러 나줏손에 쌀랑쌀랑 싸락눈이 와서 문창을 치기도 하는 때도 있는데,
나는 이런 저녁에는 화로를 더욱 다가 끼며, 무릎을 꿇어 보며,
어니 먼 산 뒷옆에 바우섶에 따로 외로이 서서,
어두어 오는데 하이야니 눈을 맞을, 그 마른 잎새에는,
쌀랑쌀랑 소리도 나며 눈을 맞을,
그 드물다는 굳고 정한 갈매나무라는 나무를 생각하는 것이었다.

— 『학풍』, 1948. 10.

읽기 과제

❶ 백석 시의 제목 가운데 마음에 드는 것을 찾고, 그 제목이 주는 효과에 대해 생각해 보자. 아울러 자신의 개성이 드러나게 시 제목을 바꾸어 보자.

❷ 시인은 작고 사소한 것들에 대해 애착을 가지고 그것에서 새로운 의미를 발견하는 사람이다. 윗글에서 백석은 '시인은 슬픈 사람이며, 세상의 온갖 슬프지 안흔 것에 슬퍼할 줄 아는 혼魂' 이라고 이야기한다. 자신이 생각하는 시인은 어떤 사람인가? 시인에 대한 정의를 내려 보자.

진실로 높고 귀한 것이 무엇인지를 알고 이것이 마음을 제사들오어 이것이 아니면 안심하지 못하고 입명하지 못하고 이것이 아니면 즐겁지 않은 때에 밖으로 얼마나 큰 간난과 고통이 오는 것입니까. 속된 세상에서 가난하고 핍박을 받어 처량한 것도 이 때문입니다. ……높은 시름이 있고 높은 슬픔이 있는 혼은 복된 것이 아니겠습니까. 진실로 인생을 사랑하고 생명을 아끼는 마음이라면 어떻게 슬프고 서름차지 아니하겠습니까. 시인은 슬픈 사람입니다. 세상의 온갖 슬프지 안흔 것에 슬퍼할 줄 아는 혼魂입니다. "외로운 것을 즐기는" 마음도, 세상 더러운 속중을 보고 "친구여"하고 부르는 것도, "태양을 등진 거리를 다 떨어진 병정 구두를 끌고 휘파람을 불며 지나가는" 마음도 다 슬픈 정신입니다. 이렇게 진실로 슬픈 정신에게야 속된 세상에 그득찬 근심과 수고가 그 무엇이겠습니까. 시인은 슬프고 근심스럽고, 괴로운 탓에 이 가운데서 즐거움이 그 마음을 왕래하는 것입니다.

— 백석, 만선일보 ,「슬픔과 진실」, 1940. 5. 9.

❸ 아래 제시한 김수영의 시 〈달나라의 장난〉과 백석 시를 비교해서 읽고, 시인과 슬픔의 관련성에 대해 생각해 보자.
'영원히 나 자신을 고쳐가야 할 운명運命과 사명使命' 에 놓여 있는 시인의 처지에

대해 고민해 보고, 시인이 되기 위해 필요한 자질이 무엇인지에 대해 생각해 보자.

달나라의 장난

김수영

팽이가 돈다
어린아이이고 어른이고 살아가는 것이 신기로워
물끄러미 보고 있기를 좋아하는 나의 너무 큰 눈 앞에서
아이가 팽이를 돌린다
살림을 사는 아이들도 아름다웁듯이
노는 아이도 아름다워 보인다고 생각하면서
손님으로 온 나는 이 집 주인과의 이야기도 잊어버리고
또 한 번 팽이를 돌려 주었으면 하고 원하는 것이다.
도회 안에서 쫓겨다니는 듯이 사는
나의 일이며
어느 소설보다도 신기로운 나의 생활이며
모두 다 내던지고
점잖이 앉은 나의 나이와 나이가 준 나의 무게를 생각하면서
정말 속임 없는 눈으로
지금 팽이가 도는 것을 본다
그러면 팽이가 까맣게 변하여 서서 있는 것이다
누구 집을 가 보아도 나 사는 곳보다는 여유가 있고
바쁘지도 않으니
마치 별세계 같이 보인다
팽이가 돈다
팽이가 돈다
팽이 밑바닥에 끈을 돌려 매이니 이상하고

손가락 사이에 끈을 한끝 잡고 방바닥에 내어던지니
소리없이 회색빛으로 도는 것이
오래 보지 못한 달나라의 장난 같다
팽이가 돈다
팽이가 돌면서 나를 울린다
제트기 벽화 밑의 나보다 더 뚱뚱한 주인 앞에서
나는 결코 울어야 할 사람은 아니며
영원히 나 자신을 고쳐가야 할 운명과 사명에 놓여 있는 이 밤에
나는 한사코 방심조차 하여서는 아니 될 터인데
팽이는 나를 비웃는 듯이 돌고 있다
비행기 프로펠러보다는 팽이가 기억이 멀고
강한 것보다는 약한 것이 더 많은 나의 착한 마음이기에
팽이는 지금 수천 년 전의 성인과 같이
내 앞에서 돈다
생각하면 서러운 것인데
너도 나도 스스로 도는 힘을 위하여
공통된 그 무엇을 위하여 울어서는 아니 된다는 듯이
서서 돌고 있는 것인가
팽이가 돈다
팽이가 돈다

— 『자유세계』, 4월호

❹ 시를 읽고서 사람에게 외로움의 심적 상태란 어떻게 하여 생겨나며, 외로움이 때로는 사람에게 왜 필요한가를 생각하며 읽자. 이 시의 궁극 지향점이 무엇인지를 찾아보자.

| 글쓰기 |

[1-❶] 오늘날 현대인에게는 고향의 상실 혹은 고향의 부재 현상이 뚜렷하다. 이 현상이 현대인의 심리나 정신 상태에 어떤 문제 상황을 유발하며, 그런 문제를 해결할 방안에 대해 글을 써 보자.

[1-❷] 각자 자신의 고향과 자신의 관계에 대해 글을 써 보자. 각자가 가진 고향의식은 각자의 삶에서 얼마나 중요하게 작용하였는지 소개하는 글을 써 보자.

[1-❸] 고향은 가족 구성원 및 고향 사람들과 긴밀하게 연결되어 있다. 시 1 〈고야古夜〉와 아래의 두 편의 산문과 시를 연결시키면서 고향 사람들과 가족 구성원이 교직되는 양상에 대해 비평적 글을 써 보자.

아아! 누님이 갓 시집가서 새벽에 단장하던 일이 어제인 듯하다. 나는 그때 여덟 살이었다. 버릇없이 드러누워 말처럼 뒹굴면서, 신랑의 말투를 흉내 내어 더듬거리며 말했더니, 누님이 수줍어하다가 그만 빗을 내 이마에 떨어뜨렸다. 나는 성이 나서 패악을 부리며 분가루에 먹물을 섞고 거울에 침을 뱉어 댔다. 그러자 누님은 내게 옥압(오리 모양으로 새긴 옥비녀)과 금봉(금으로 벌 모양을 만들어 여자의 머리에 꽂는 장식물)을 꺼내 주며 울음을 그치라고 달랬다. 그때로부터 스물여덟 해가 되었구나

— 박지원, 〈큰 누님을 사별하고〉

나는 북관에 혼자 앓어 누워서
어늬 아츰 의원을 뵈이었다
의원은 여래같은 상을 하고 관공의 수염을 드리워서
먼 옛적 어늬 나라 신선 같은데
새끼손톱 길게 돋은 손을 내어
묵묵하니 한참 맥을 짚드니
문득 물어 고향이 어데냐 한다

평안도 정주라는 곳이라 한즉
그러면 아무개씨 고향이란다
그러면 아무개씰 아느냐 한즉
의원은 빙긋이 웃음을 띠고
막역지간이라며 수염을 쓴다
나는 아버지로 섬기는 이라 한즉
의원은 또다시 넌즈시 웃고
말없이 팔을 잡어 맥을 보는데
손길은 따스하고 부드러워
고향도 아버지도 아버지의 친구도 다 있었다.

— 백석, 「고향」, 『삼천리문학』 2집, 1938. 4.

[2-❶] 위에 제시한 바다 사진을 보고 떠오르는 단어를 자유롭게 나열해 보자. 나열한 단어 중 하나를 선택하고, 그것을 바탕으로 (자신의 기억을 동반하여) 바다에 관한 한 편의 글을 써 보자.

[2-❷] 바다 사진 밖에서 일어나고 있는 일에 대해 자신의 상상력과 시적 표현을 동반한 한 편의 글을 써 보자.

[2-❸] '시보다 더 시 같은 노래' /시적 비유가 두드러지는 노래를 찾아 이에 대해 소개하는 글을 써 보자.

[3-❶] 지금 현재 내 앞에 '흰 바람벽이' 있다고 가정해 보고, '흰 바람벽'에 지나갈 글자들에 대해 써 보자.

[3-❷] 세상을 살면서 가난하거나 외롭거나 높거나 쓸쓸한 대상을 보고 외로움을 느낀 경험에 대해 이야기해 보자. 그 경험을 바탕으로 한 편의 글(시)을 써 보자.

[3-❸] 백석 시 가운데 한 편을 고르고, 시에 대한 감상문(혹은 소개하는 글)을 자유롭게 써 보자.

[3-❹] 한 가지 대상에 대해 마음을 기울여 통찰해 보고, 이를 바탕으로 한 편의 시를 써 보자.

| 토론하기 및 심화 글쓰기 |

❶ 근대적 삶의 방식은, 고향의 산천에서 살아가며 고향 사람들과 지속적 관계를 맺으며 그 고향 산천에서 나온 음식 재료로 만든 음식을 먹으며 살아가는 토착적 삶을 부정한다. 이런 근대적 삶의 방식이 행복한 대안이 될 수 있는가에 대해 토론한다. 근대적 삶의 방식에 대한 부정적 견해가 형성된다면 그 대안은 어떤 것일 수 있을지 의견을 나눈다.

❷ 우리나라의 전통적 고향 공동체는 일본제국주의에 의해 먼저 훼손되었고 다음으로 한국사회의 근대화 과정에서 또 훼손되었다. 전통적 고향 공동체의 훼손과 파괴에 대해 어느 쪽이 더 큰 책임이 있는가에 대해 토론해 본다.

❸ 아래의 예문에서 롤랑 바르트는 '저자의 죽음' 에 대해 선언한다. 이에 대해 자신의 생각을 이야기 해 보고, 시를 읽을 때 시인의 위치에 대해 생각해 보자. 시를 시 그 자체로 읽는 방법과 시인의 삶과 경험을 바탕으로 읽는 방법 중 어느 것이 시를 이해하는 데 더 타당한지에 대해 토론해 보자.

저자란 중세를 벗어나자마자 영국의 경험주의와 프랑스의 합리주의, 종교 개혁의 개인적인 신앙과 더불어 우리 사회가 개인individu의 명성을, 좀더 고상하게 말한다면 〈인격〉personne humaine이라는 것을 발견한 후에 생산된 현대적인 인물이다. 그러므로 문학 안에서 저자의 〈인간〉personne에 최대의 중요성을 부여한 것이, 자본주의 이데올로기의 요약이지 귀결인 실증주의라는 것은 지극히 논리적이다. 저자는 아직도 문학사의 교과서나 작가의 전기, 잡지의 대담, 그리고 자신의 내적 일기에 의해 그들의 인간과 작품을 연결시키려는 문학가의 의식 속에서도 여전히 지배적이다. 일반적인 문화 안에서 발견되는 문학의 이미지는 가차 없이 저자, 그 인간 · 생애 · 취향 · 정념에 집중되어 있다. 비평 또한 대부분의 경우, 보들레르의 작품은 인간 보들레르의 실패이며, 고흐의 작품은 곧 그의 광기이며, 차이코프스키의 작품은 그의 악덕이라고 말한다. 이렇듯 작품의 설명은 언제나 작품을 만들어낸 사람 쪽에서 모색되어 왔다. 마치 다소간에 투명한 허구의 알레고리를 통하여 거기에는 결국 언제나 하나의 유일하고도 동일한 사람의 목소리가,

자신의 〈속내이야기〉를 털어 놓는 저자가 존재한다는 것처럼.

— 롤랑 바르트, 김희영 옮김,

「저자의 죽음」, 『롤랑 바르트 전집 · 12-텍스트의 즐거움』, 東文選, 1997.

❹ 백석의 시는 평안북도 방언을 가장 많이 구사하고 경상남도와 전라남도의 방언도 구사한다. 시가 지역 민중과 민족 구성원의 정서를 구성하는 데 방언을 사용하는 것이 꼭 필요한가? 이를 확장하여, 세계화시대이면서 지방화시대인 오늘날 일상생활에서 방언 혹은 사투리와 표준말의 관계를 어떻게 설정해야 할 것인가? 이에 대해 토론해 보자.

❺ 박재삼의 시 〈울음이 타는 가을강〉에 나타난 시적 화자의 외로움과 백석 시에 나타난 화자의 외로움을 서로 비교해 보자.

울음이 타는 가을강

박재삼

마음도 한자리 못 앉아 있는 마음일 때
친구의 서러운 사랑 이야기를
가을 햇볕으로나 동무삼아 따라가면
어느새 등성이에 이르러 눈물나고나.
제삿날 큰집에 모이는 불빛도 불빛이지만
해질녘 울음이 타는 가을강을 보것네.
저것 봐, 저것 봐,
네 보담도 내 보담도
그 기쁜 첫 사랑 산골 물소리가 사라지고
그 다음 사랑 끝에 생긴 울음까지 녹아나고
이제는 미칠 일 하나로 바다에 다 와가는
소리 죽은 가을강을 처음 보것네

❻ 안도현의 시 〈그 드물다는 굳고 정한 갈매나무라는 나무〉를 읽고 백석 시와의 관련성에 대해 알아보자. 이를 바탕으로 두 시인이 가진 세계관을 비교해 보자.

그 드물다는 굳고 정한 갈매나무라는 나무

안도현

일생동안 나무가 나무인 것은 무엇보다도
그늘을 가졌기 때문이라고 생각해본 적이 있다
하늘의 햇빛과 땅의 어둠을 반반씩,
많지도 적지도 않게 섞어서
자기가 살아온 꼭 그만큼만 그늘을 만드는
저 나무가 나무인 것은
그늘이라는 것을 그저 아래로 드리우기만 할 뿐

그 그늘속에 누군가 사랑하며 떨며 울며 해찰하며
놀다가도록 내버려둘 뿐
스스로 그늘 속에서 키스를 하거나
헛기침을 하거나 눈물을 닦거나
성화를 내지 않는다는 점이
참으로 대단하다고 생각한 적이 있다
말과 침묵사이, 혹은
소란과 고요사이
나무는 저렇게
그냥 서있다
아무것도 가지지 않은 듯 보이는
저 갈매나무가 엄동설한에도 저렇게 엄하기만 하고
가진 것 없는 아버지처럼 서 있는 이유도
그늘 때문이다

그러므로 이제 빈한한 집안의 지붕 끝처럼 서 있는 저 나무를
아버지, 라고 불러도 좋을 것이다
때로는 그늘의 평수가 좁아서
때로는 그늘의 두께가 얇아서
때로는 그늘의 무게가 턱없이 가벼워서
저물녘이면 어깨부터 캄캄하게 어두워지던 아버지를
나무, 라고 불러도 좋을 것이다
눈 내려 세상이 적막해진다 해서
나무가 그늘을 만들지 않는 것은 아니다
쓰러지지 않는, 어떻게든 기립 자세로 눈을 맞으려는
저 나무가
어느 아침에는 제일 먼저 몸 흔들어 훌훌 눈을 털고
땅 위에 태연히 일획을 긋는 것을
보게 되는 날이 있을 터

◖ 함께 읽기 좋은 책과 자료 ◗

백석 지음, 고형진 엮음, 『정본 백석 시집』, 문학동네, 2009.
백석 지음, 이동순 편, 『백석시전집』, 창비, 1987.
김자야, 『내 사랑 백석』, 문학동네, 1995.
안도현, 『외롭고 높고 쓸쓸한』, 문학동네, 2004.

IV 한글맞춤법과 표준어 규정

| 한글 맞춤법 |

제1장 총 칙

제 1 항 한글 맞춤법은 표준어를 소리대로 적되, 어법에 맞도록 함을 원칙으로 한다.

제 2 항 문장의 각 단어는 띄어 씀을 원칙으로 한다.

제 3 항 외래어는 '외래어 표기법'에 따라 적는다.

제2장 자 모

제 4 항 한글 자모의 수는 스물넉 자로 하고, 그 순서와 이름은 다음과 같이 정한다.

ㄱ(기역)	ㄴ(니은)	ㄷ(디귿)	ㄹ(리을)	ㅁ(미음)
ㅂ(비읍)	ㅅ(시옷)	ㅇ(이응)	ㅈ(지읒)	ㅊ(치읓)
ㅋ(키읔)	ㅌ(티읕)	ㅍ(피읖)	ㅎ(히읗)	
ㅏ(아)	ㅑ(야)	ㅓ(어)	ㅕ(여)	ㅗ(오)
ㅛ(요)	ㅜ(우)	ㅠ(유)	ㅡ(으)	ㅣ(이)

[붙임 1] 위의 자모로써 적을 수 없는 소리는 두 개 이상의 자모를 어울러서 적되, 그 순서와 이름은 다음과 같이 정한다.

ㄲ(쌍기역)	ㄸ(쌍디귿)	ㅃ(쌍비읍)	ㅆ(쌍시옷)	ㅉ(쌍지읒)

ㅐ(애)　ㅒ(얘)　ㅔ(에)　ㅖ(예)　ㅘ(와)
ㅙ(왜)　ㅚ(외)　ㅝ(워)　ㅞ(웨)　ㅟ(위)
ㅢ(의)

[붙임 2]　사전에 올릴 적의 자모 순서는 다음과 같이 정한다.

자음 ㄱ ㄲ ㄴ ㄷ ㄸ ㄹ ㅁ ㅂ ㅃ ㅅ ㅆ ㅇ ㅈ ㅉ ㅊ ㅋ ㅌ ㅍ ㅎ

모음 ㅏ ㅐ ㅑ ㅒ ㅓ ㅔ ㅕ ㅖ ㅗ ㅘ ㅙ ㅚ ㅛ ㅜ ㅝ ㅞ ㅟ ㅠ ㅡ ㅢ ㅣ

제 3 장 소리에 관한 것

제1절 된소리

제 5 항　한 단어 안에서 뚜렷한 까닭 없이 나는 된소리는 다음 음절의 첫소리를 된소리로 적는다.

1. 두 모음 사이에서 나는 된소리

소쩍새　어깨　오빠　으뜸　아끼다　기쁘다　깨끗하다
어떠하다　해쓱하다　가끔　거꾸로　부썩　어찌　이따금

2. 'ㄴ, ㄹ, ㅁ, ㅇ' 받침 뒤에서 나는 된소리

산뜻하다　잔뜩　살짝　훨씬　담뿍　움찔　몽땅　엉뚱하다.

다만, 'ㄱ, ㅂ' 받침 뒤에서 나는 된소리는, 같은 음절이나 비슷한 음절이 겹쳐 나는 경우가 아니면 된소리로 적지 아니한다.

국수　깍두기　딱지　색시　싹둑(~싹둑)　법석　갑자기　몹시

제2절 구개음화

제 6 항　'ㄷ, ㅌ' 받침 뒤에 종속적 관계를 가진 '-이(-)'나 '-히-'가 올 적에는 그 'ㄷ, ㅌ'이 'ㅈ, ㅊ'으로 소리나더라도 'ㄷ, ㅌ'으로 적는다.(ㄱ을 취하고, ㄴ을 버림)

ㄱ	ㄴ	ㄱ	ㄴ
맏이	마지	핥이다	할치다
해돋이	해도지	걷히다	거치다
굳이	구지	닫히다	다치다
끝이	끄치	묻히다	무치다
같이	가치		

제3절 'ㄷ' 소리 받침

제 7 항 'ㄷ' 소리로 나는 받침 중에서 'ㄷ' 으로 적을 근거가 없는 것은 'ㅅ' 으로 적는다.

덧저고리 돗자리 엇셈 웃어른 핫옷 무릇 사뭇
얼핏 자칫하면 뭇[衆] 옛 첫 헛

제4절 모음

제 8 항 '계, 례, 몌, 혜' 의 'ㅖ' 는 'ㅔ' 로 소리나는 경우가 있더라도 'ㅖ' 로 적는다. (ㄱ을 취하고, ㄴ을 버림)

ㄱ	ㄴ	ㄱ	ㄴ
계수(桂樹)	게수	혜택(惠澤)	헤택
사례(謝禮)	사레	계집	게집
연몌(連袂)	연메	핑계	핑게
폐품(廢品)	페품	계시다	게시다

다만, 다음 말은 본음대로 적는다.

게송(偈頌) 게시판(揭示板) 휴게실(休憩室)

제 9 항 '의' 나 자음을 첫소리로 가지고 있는 음절의 'ㅢ' 는 'ㅣ' 로 소리나는 경우가 있더라도 'ㅢ' 로 적는다.(ㄱ을 취하고, ㄴ을 버림.)

ㄱ	ㄴ	ㄱ	ㄴ
의의(意義)	의이	닁큼	닝큼
본의(本意)	본이	띄어쓰기	띠어쓰기
무늬[紋]	무니	씌어	씨어
보늬	보니	틔어	티어
오늬	오니	희망(希望)	히망
하늬바람	하니바람	희다	히다
늴리리	닐리리	유희(遊戲)	유히

제5절 두음 법칙

제10항 한자음 '녀, 뇨, 뉴, 니' 가 단어의 첫머리에 올 적에는 두음 법칙에 따라 '여, 요, 유, 이' 로 적는다.(ㄱ을 취하고, ㄴ을 버림)

ㄱ	ㄴ	ㄱ	ㄴ
여자(女子)	녀자	유대(紐帶)	뉴대

연세(年歲)	년세	이토(泥土)	니토
요소(尿素)	뇨소	익명(匿名)	닉명

다만, 다음과 같은 의존 명사에서는 '냐, 녀' 음을 인정한다.

냥(兩) 냥쭝(兩－) 년(年)(몇 년)

[붙임 1] 단어의 첫머리 이외의 경우에는 본음대로 적는다.

남녀(男女) 당뇨(糖尿) 결뉴(結紐) 은닉(隱匿)

[붙임 2] 접두사처럼 쓰이는 한자가 붙어서 된 말이나 합성어에서, 뒷말의 첫소리가 'ㄴ' 소리로 나더라도 두음 법칙에 따라 적는다.

신여성(新女性) 공염불(空念佛) 남존여비(男尊女卑)

[붙임 3] 둘 이상의 단어로 이루어진 고유 명사를 붙여 쓰는 경우에도 붙임 2에 준하여 적는다.

한국여자대학 대한요소비료회사

제11항 한자음 '랴, 려, 례, 료, 류, 리' 가 단어의 첫머리에 올 적에는 두음 법칙에 따라 '야, 여, 예, 요, 유, 이' 로 적는다.(ㄱ을 취하고, ㄴ을 버림.)

ㄱ	ㄴ	ㄱ	ㄴ
양심(良心)	량심	용궁(龍宮)	룡궁
역사(歷史)	력사	유행(流行)	류행
예의(禮儀)	례의	이발(理髮)	리발

다만, 다음과 같은 의존 명사는 본음대로 적는다.

리(里) : 몇 리냐?

리(理) : 그럴 리가 없다.

[붙임 1] 단어의 첫머리 이외의 경우에는 본음대로 적는다.

개량(改良) 선량(善良) 수력(水力) 협력(協力)

사례(謝禮) 혼례(婚禮) 와룡(臥龍) 쌍룡(雙龍)

하류(下流) 급류(急流) 도리(道理) 진리(眞理)

다만, 모음이나 'ㄴ' 받침 뒤에 이어지는 '렬, 률' 은 '열, 율' 로 적는다.(ㄱ을 취하고, ㄴ을 버림.)

ㄱ	ㄴ	ㄱ	ㄴ
나열(羅列)	나렬	분열(分裂)	분렬
치열(齒列)	치렬	선열(先烈)	선렬
비열(卑劣)	비렬	진열(陳列)	진렬
규율(規律)	규률	선율(旋律)	선률
비율(比率)	비률	전율(戰慄)	전률
실패율(失敗率)	실패률	백분율(百分率)	백분률

[붙임 2] 외자로 된 이름을 성에 붙여 쓸 경우에도 본음대로 적을 수 있다.

신립(申砬) 최린(崔麟) 채륜(蔡倫) 하륜(河崙)

[붙임 3] 준말에서 본음으로 소리나는 것은 본음대로 적는다.

국련(국제연합) 대한교련(대한교육연합회)

[붙임 4] 접두사처럼 쓰이는 한자가 붙어서 된 말이나 합성어에서 뒷말의 첫 소리가 'ㄴ' 또는 'ㄹ' 소리로 나더라도 두음 법칙에 따라 적는다.

역이용(逆利用) 연이율(年利率) 열역학(熱力學) 해외여행(海外旅行)

[붙임 5] 둘 이상의 단어로 이루어진 고유 명사를 붙여 쓰는 경우나 십진법에 따라 쓰는 수(數)도 붙임 4에 준하여 적는다.

서울여관 신흥이발관 육천육백육십육(六千六百六十六)

제12항 한자음 '라, 래, 로, 뢰, 루, 르'가 단어의 첫머리에 올 적에는 두음 법칙에 따라 '나, 내, 노, 뇌, 누, 느'로 적는다.(ㄱ을 취하고, ㄴ을 버림.)

ㄱ	ㄴ	ㄱ	ㄴ
낙원(樂園)	락원	뇌성(雷聲)	뢰성
내일(來日)	래일	누각(樓閣)	루각
노인(老人)	로인	능묘(陵墓)	릉묘

[붙임 1] 단어의 첫머리 이외의 경우에는 본음대로 적는다.

쾌락(快樂)	극락(極樂)	거래(去來)	왕래(往來)
부로(父老)	연로(年老)	지뢰(地雷)	낙뢰(落雷)
고루(高樓)	광한루(廣寒樓)	동구릉(東九陵)	가정란(家庭欄)

[붙임 2] 접두사처럼 쓰이는 한자가 붙어서 된 단어는 뒷말을 두음 법칙에 따라 적는다.

내내월(來來月) 상노인(上老人) 중노동(重勞動) 비논리적(非論理的)

제6절 겹쳐 나는 소리

제13항 한 단어 안에서 같은 음절이나 비슷한 음절이 겹쳐 나는 부분은 같은 글자로 적는다. (ㄱ을 취하고, ㄴ을 버림.)

ㄱ	ㄴ	ㄱ	ㄴ
딱딱	딱닥	꼿꼿하다	꼿곳하다
쌕쌕	쌕색	놀놀하다	놀롤하다
씩씩	씩식	눅눅하다	능눅하다
똑딱똑딱	똑닥똑닥	밋밋하다	민밋하다
쓱싹쓱싹	쓱삭쓱삭	싹싹하다	싹삭하다
연연불망	연련불망	쌉쌀하다	쌉살하다
유유상종	유류상종	씁쓸하다	씁슬하다
누누이	누루이	짭짤하다	짭잘하다

제 4 장 형태에 관한 것

제1절 체언과 조사

제14항 체언은 조사와 구별하여 적는다.

떡이	떡을	떡에	떡도	떡만
손이	손을	손에	손도	손만
팔이	팔을	팔에	팔도	팔만
밤이	밤을	밤에	밤도	밤만
집이	집을	집에	집도	집만
옷이	옷을	옷에	옷도	옷만
콩이	콩을	콩에	콩도	콩만
낮이	낮을	낮에	낮도	낮만
꽃이	꽃을	꽃에	꽃도	꽃만
밭이	밭을	밭에	밭도	밭만
앞이	앞을	앞에	앞도	앞만
밖이	밖을	밖에	밖도	밖만
넋이	넋을	넋에	넋도	넋만
흙이	흙을	흙에	흙도	흙만
삶이	삶을	삶에	삶도	삶만
여덟이	여덟을	여덟에	여덟도	여덟만
곬이	곬을	곬에	곬도	곬만
값이	값을	값에	값도	값만

제2절 어간과 어미

제15항 용언의 어간과 어미는 구별하여 적는다.

먹다	먹고	먹어	먹으니
신다	신고	신어	신으니
믿다	믿고	믿어	믿으니
울다	울고	울어	(우니)
넘다	넘고	넘어	넘으니
입다	입고	입어	입으니
웃다	웃고	웃어	웃으니

찾다	찾고	찾아	찾으니
좇다	좇고	좇아	좇으니
같다	같고	같아	같으니
높다	높고	높아	높으니
좋다	좋고	좋아	좋으니
깎다	깎고	깎아	깎으니
앉다	앉고	앉아	앉으니
많다	많고	많아	많으니
늙다	늙고	늙어	늙으니
젊다	젊고	젊어	젊으니
넓다	넓고	넓어	넓으니
훑다	훑고	훑어	훑으니
읊다	읊고	읊어	읊으니
옳다	옳고	옳아	옳으니
없다	없고	없어	없으니
있다	있고	있어	있으니

[붙임 1] 두 개의 용언이 어울려 한 개의 용언이 될 적에, 앞말의 본뜻이 유지되고 있는 것은 그 원형을 밝히어 적고, 그 본뜻에서 멀어진 것은 밝히어 적지 아니한다.

(1) 앞말의 본뜻이 유지되고 있는 것

넘어지다 늘어나다 늘어지다 돌아가다 되짚어가다
들어가다 떨어지다 벌어지다 엎어지다 접어들다
틀어지다 흩어지다

(2) 본뜻에서 멀어진 것

드러나다 사라지다 쓰러지다

[붙임 2] 종결형에서 사용되는 어미 '-오'는 '요'로 소리나는 경우가 있더라도 그 원형을 밝혀 '오'로 적는다.(ㄱ을 취하고, ㄴ을 버림.)

ㄱ	ㄴ
이것은 책이오.	이것은 책이요.
이리로 오시오.	이리로 오시요.
이것은 책이 아니오.	이것은 책이 아니요.

[붙임 3] 연결형에서 사용되는 '이요'는 '이요'로 적는다.(ㄱ을 취하고, ㄴ을 버림.)

ㄱ	ㄴ
이것은 책이요, 저것은 붓이요, 또 저것은 먹이다.	이것은 책이오, 저것은 붓이오, 또 저것은 먹이다.

제16항 어간의 끝음절 모음이 'ㅏ, ㅗ' 일 적에는 어미를 '-아' 로 적고, 그 밖의 모음일 적에는 '-어' 로 적는다.

1. '-아' 로 적는 경우

나아	나아도	나아서
막아	막아도	막아서
얇아	얇아도	얇아서
돌아	돌아도	돌아서
보아	보아도	보아서

2. '-어' 로 적는 경우

개어	개어도	개어서
겪어	겪어도	겪어서
되어	되어도	되어서
베어	베어도	베어서
쉬어	쉬어도	쉬어서
저어	저어도	저어서
주어	주어도	주어서
피어	피어도	피어서
희어	희어도	희어서

제17항 어미 뒤에 덧붙는 조사 '-요' 는 '-요' 로 적는다.

읽어	읽어요
참으리	참으리요
좋지	좋지요

제18항 다음과 같은 용언들은 어미가 바뀔 경우, 그 어간이나 어미가 원칙에 벗어나면 벗어나는 대로 적는다.

1. 어간의 끝 'ㄹ' 이 줄어질 적

갈다 :	가니	간	갑니다	가시다	가오
놀다 :	노니	논	놉니다	노시다	노오
불다 :	부니	분	붑니다	부시다	부오
둥글다 :	둥그니	둥근	둥급니다	둥그시다	둥그오
어질다 :	어지니	어진	어집니다	어지시다	어지오

[붙임] 다음과 같은 말에서도 'ㄹ' 이 준 대로 적는다.

마지못하다	마지않다	(하)다마다	(하)자마자
(하)지 마라	(하)지 마(아)		

2. 어간의 끝 'ㅅ' 이 줄어질 적

긋다 :	그어	그으니	그었다
낫다 :	나아	나으니	나았다
잇다 :	이어	이으니	이었다
짓다 :	지어	지으니	지었다

3. 어간의 끝 'ㅎ' 이 줄어질 적

그렇다 :	그러니	그럴	그러면	그러오
까맣다 :	까마니	까말	까마면	까마오
동그랗다 :	동그라니	동그랄	동그라면	동그라오
퍼렇다 :	퍼러니	퍼럴	퍼러면	퍼러오
하얗다 :	하야니	하얄	하야면	하야오

4. 어간의 끝 'ㅜ, ㅡ' 가 줄어질 적

푸다 :	퍼	펐다	뜨다 :	떠	떴다
끄다 :	꺼	껐다	크다 :	커	컸다
담그다 :	담가	담갔다	고프다 :	고파	고팠다
따르다 :	따라	따랐다	바쁘다 :	바빠	바빴다

5. 어간의 끝 'ㄷ' 이 'ㄹ' 로 바뀔 적

걷다[步] :	걸어	걸으니	걸었다
듣다[聽] :	들어	들으니	들었다
묻다[問] :	물어	물으니	물었다
싣다[載] :	실어	실으니	실었다

6. 어간의 끝 'ㅂ' 이 'ㅜ' 로 바뀔 적

깁다 :	기워	기우니	기웠다
굽다[炙] :	구워	구우니	구웠다
가깝다 :	가까워	가까우니	가까웠다
괴롭다 :	괴로워	괴로우니	괴로웠다
맵다 :	매워	매우니	매웠다
무겁다 :	무거워	무거우니	무거웠다
밉다 :	미워	미우니	미웠다
쉽다 :	쉬워	쉬우니	쉬웠다

다만, '돕-, 곱-' 과 같은 단음절 어간에 어미 '-아' 가 결합되어 '와' 로 소리나는 것은 '-와' 로 적는다.

돕다[助] :	도와	도와서	도와도	도왔다
곱다[麗] :	고와	고와서	고와도	고왔다

7. '하다' 의 활용에서 어미 '-아' 가 '-여' 로 바뀔 적

하다 : 하여 하여서 하여도 하여라 하였다

8. 어간의 끝 음절 '르' 뒤에 오는 어미 '－어'가 '－러'로 바뀔 적

이르다[至] :	이르러	이르렀다	누르다 :	누르러	누르렀다
노르다 :	노르러	노르렀다	푸르다 :	푸르러	푸르렀다

9. 어간의 끝 음절 '르'의 'ㅡ'가 줄고, 그 뒤에 오는 어미 '－아/－어'가 '－라/－러'로 바뀔 적

가르다 :	갈라	갈랐다	부르다 :	불러	불렀다
거르다 :	걸러	걸렀다	오르다 :	올라	올랐다
구르다 :	굴러	굴렀다	이르다 :	일러	일렀다
벼르다 :	별러	별렀다	지르다 :	질러	질렀다

제3절 접미사가 붙어서 된 말

제19항 어간에 '－이'나 '－음/ㅁ'이 붙어서 명사로 된 것과 '－이'나 '－히'가 붙어서 부사로 된 것은 그 어간의 원형을 밝히어 적는다.

1. '－이'가 붙어서 명사로 된 것

길이 깊이 높이 다듬이 땀받이 달맞이
먹이 미닫이 벌이 벼훑이 살림살이 쇠붙이

2. '－음/－ㅁ'이 붙어서 명사로 된 것

걸음 묶음 믿음 얼음 엮음 울음
웃음 졸음 앎 만듦

3. '－이'가 붙어서 부사로 된 것

같이 굳이 길이 높이 많이 실없이
좋이 짓궂이

4. '－히'가 붙어서 부사로 된 것

밝히 익히 작히

다만, 어간에 '－이'나 '－음'이 붙어서 명사로 바뀐 것이라도 그 어간의 뜻과 멀어진 것은 원형을 밝히어 적지 아니한다.

굽도리 다리[髢] 목거리(목병) 무녀리
코끼리 거름(비료) 고름[膿] 노름(도박)

[붙임] 어간에 '－이'나 '－음' 이외의 모음으로 시작된 접미사가 붙어서 다른 품사로 바뀐 것은 그 어간의 원형을 밝히어 적지 아니한다.

(1) 명사로 바뀐 것

귀머거리 까마귀 너머 뜨더귀 마감 마개
마중 무덤 비렁뱅이 쓰레기 올가미 주검

(2) 부사로 바뀐 것

거뭇거뭇 너무 도로 뜨덤뜨덤 바투

불긋불긋 비로소 오긋오긋 자주 차마

(3) 조사로 바뀌어 뜻이 달라진 것

나마 부터 조차

제20항 명사 뒤에 '-이'가 붙어서 된 말은 그 명사의 원형을 밝히어 적는다.

1. 부사로 된 것

곳곳이 낱낱이 몫몫이 샅샅이 앞앞이 집집이

2. 명사로 된 것

곰배팔이 바둑이 삼발이 애꾸눈이 육손이 절뚝발이/절름발이

[붙임] '-이' 이외의 모음으로 시작된 접미사가 붙어서 된 말은 그 명사의 원형을 밝히어 적지 아니한다.

꼬락서니 끄트머리 모가치 바가지 바깥 사타구니

싸라기 이파리 지붕 지푸라기 짜개

제21항 명사나 혹은 용언의 어간 뒤에 자음으로 시작된 접미사가 붙어서 된 말은 그 명사나 어간의 원형을 밝히어 적는다.

1. 명사 뒤에 자음으로 시작된 접미사가 붙어서 된 것

값지다 홑지다 넋두리 빛깔 옆댕이 잎사귀

2. 어간 뒤에 자음으로 시작된 접미사가 붙어서 된 것

낚시 늙정이 덮개 뜯게질 갉작갉작하다

갉작거리다 뜯적거리다 뜯적뜯적하다 굵다랗다 굵직하다

깊숙하다 넓적하다 높다랗다 늙수그레하다 얽죽얽죽하다

다만, 다음과 같은 말은 소리대로 적는다.

(1) 겹받침의 끝소리가 드러나지 아니하는 것

할짝거리다 널따랗다 널찍하다 말끔하다 말쑥하다

말짱하다 실쭉하다 실큼하다 얄따랗다 얄팍하다

짤따랗다 짤막하다 실컷

(2) 어원이 분명하지 아니하거나 본뜻에서 멀어진 것

넙치 올무 골막하다 납작하다

제22항 용언의 어간에 다음과 같은 접미사들이 붙어서 이루어진 말들은 그 어간을 밝히어 적는다.

1. '-기-, -리-, -이-, -히-, -구-, -우-, -추-, -으키-, -이키-, -애-'가 붙는 것

맡기다 옮기다 웃기다 쫓기다 뚫리다 울리다

낚이다 쌓이다 핥이다 굳히다 굽히다 넓히다

앉히다 얽히다 잡히다 돋구다 솟구다 돋우다

갖추다　　곧추다　　맞추다　　일으키다　　돌이키다　　없애다

다만, '-이-, -히-, -우-' 가 붙어서 된 말이라도 본뜻에서 멀어진 것은 소리대로 적는다.

도리다(칼로~)　　드리다(용돈을~)　　고치다　　바치다(세금을~)

부치다(편지를~)　　거두다　　미루다　　이루다

2. '-치-, -뜨리-/-트리-' 가 붙는 것

놓치다　　덮치다　　떠받치다　　받치다　　밭치다　　부딪치다

뻗치다　　엎치다　　부딪뜨리다/부딪트리다　　쏟뜨리다/쏟트리다

젖뜨리다/젖트리다　　찢뜨리다/찢트리다　　흩뜨리다/흩트리다

[붙임] '-업-, -읍-, -브-' 가 붙어서 된 말은 소리대로 적는다.

미덥다　　우습다　　미쁘다

제23항 '-하다' 나 '-거리다' 가 붙는 어근에 '-이' 가 붙어서 명사가 된 것은 그 원형을 밝히어 적는다.(ㄱ을 취하고, ㄴ을 버림.)

ㄱ	ㄴ	ㄱ	ㄴ
깔쭉이	깔쭈기	살살이	살사리
꿀꿀이	꿀꾸리	쌕쌕이	쌕쌔기
눈깜짝이	눈깜짜기	오뚝이	오뚜기
더펄이	더퍼리	코납작이	코납자기
배불뚝이	배불뚜기	푸석이	푸서기
삐죽이	삐주기	홀쭉이	홀쭈기

[붙임] '-하다' 나 '-거리다' 가 붙을 수 없는 어근에 '-이' 나 또는 다른 모음으로 시작되는 접미사가 붙어서 명사가 된 것은 그 원형을 밝히어 적지 아니한다.

개구리　　귀뚜라미　　기러기　　깍두기　　꽹과리　　날라리

누더기　　동그라미　　두드러기　　딱따구리　　매미　　부스러기

뻐꾸기　　얼루기　　칼싹두기

제24항 '-거리다' 가 붙을 수 있는 시늉말 어근에 '-이다' 가 붙어서 된 용언은 그 어근을 밝히어 적는다.(ㄱ을 취하고, ㄴ을 버림.)

ㄱ	ㄴ	ㄱ	ㄴ
깜짝이다	깜짜기다	속삭이다	속사기다
꾸벅이다	꾸버기다	숙덕이다	숙더기다
끄덕이다	끄더기다	울먹이다	울머기다
뒤척이다	뒤처기다	움직이다	움지기다
들먹이다	들머기다	지껄이다	지꺼리다
망설이다	망서리다	퍼덕이다	퍼더기다
번득이다	번드기다	허덕이다	허더기다

번쩍이다 번쩌기다 헐떡이다 헐떠기다

제25항 '-하다'가 붙는 어근에 '-히'나 '-이'가 붙어서 부사가 되거나, 부사에 '-이'가 붙어서 뜻을 더하는 경우에는, 그 어근이나 부사의 원형을 밝히어 적는다.

1. '-하다'가 붙는 어근에 '-히'나 '-이'가 붙는 경우

급히 꾸준히 도저히 딱히 어렴풋이 깨끗이

[붙임] '-하다'가 붙지 않는 경우에는 소리대로 적는다.

갑자기 반드시(꼭) 슬며시

2. 부사에 '-이'가 붙어서 역시 부사가 되는 경우

곰곰이 더욱이 생긋이 오뚝이 일찍이 해죽이

제26항 '-하다'나 '-없다'가 붙어서 된 용언은 그 '-하다'나 '-없다'를 밝히어 적는다.

1. '-하다'가 붙어서 용언이 된 것

딱하다 숱하다 착하다 텁텁하다 푹하다

2. '-없다'가 붙어서 용언이 된 것

부질없다 상없다 시름없다 열없다 하염없다

제4절 합성어 및 접두사가 붙는 말

제27항 둘 이상의 단어가 어울리거나 접두사가 붙어서 이루어진 말은 각각 그 원형을 밝히어 적는다.

국말이 꺾꽂이 꽃잎 끝장 물난리
밑천 부엌일 싫증 옷안 웃옷
젖몸살 첫아들 칼날 팥알 헛웃음
홀아비 홑몸 흙내
값없다 겉늙다 굶주리다 낮잡다 맞먹다
받내다 벋놓다 빗나가다 빛나다 새파랗다
샛노랗다 시꺼멓다 싯누렇다 엇나가다 엎누르다
엿듣다 옻오르다 짓이기다 헛되다

[붙임 1] 어원은 분명하나 소리만 특이하게 변한 것은 변한 대로 적는다.

할아버지 할아범

[붙임 2] 어원이 분명하지 아니한 것을 원형을 밝히어 적지 아니한다.

골병 골탕 끌탕 며칠 아재비 오라비
업신여기다 부리나케

[붙임 3] '이[齒, 虱]'가 합성어나 이에 준하는 말에서 '니' 또는 '리'로 소리날 때에는 '니'로 적는다.

간니 덧니 사랑니 송곳니 앞니 어금니
윗니 젖니 톱니 틀니 가랑니 머릿니

제28항 끝소리가 'ㄹ'인 말과 딴 말이 어울릴 적에 'ㄹ' 소리가 나지 아니하는 것은 아니 나는 대로 적는다.

다달이(달－달－이)	따님(딸－님)	마되(말－되)
마소(말－소)	무자위(물－자위)	바느질(바늘－질)
부나비(불－나비)	부삽(불－삽)	부손(불－손)
소나무(솔－나무)	싸전(쌀－전)	여닫이(열－닫이)
우짖다(울－짖다)	화살(활－살)	

제29항 끝소리가 'ㄹ'인 말과 딴 말이 어울릴 적에 'ㄹ' 소리가 'ㄷ' 소리로 나는 것은 'ㄷ'으로 적는다.

반짇고리(바느질~)	사흗날(사흘~)	삼짇날(삼질~)	섣달(설~)
숟가락(술~)	이튿날(이틀~)	잗주름(잘~)	푿소(풀~)
섣부르다(설~)	잗다듬다(잘~)	잗다랗다(잘~)	

제30항 사이시옷은 다음과 같은 경우에 받치어 적는다.

1. 순 우리말로 된 합성어로서 앞말이 모음으로 끝난 경우

(1) 뒷말의 첫소리가 된소리로 나는 것

고랫재	귓밥	나룻배	나뭇가지	냇가	댓가지
뒷갈망	맷돌	머릿기름	모깃불	못자리	바닷가
뱃길	볏가리	부싯돌	선짓국	쇳조각	아랫집
우렁잇속	잇자국	잿더미	조갯살	찻집	쳇바퀴
킷값	핏대	햇볕	혓바늘		

(2) 뒷말의 첫소리 'ㄴ, ㅁ' 앞에서 'ㄴ' 소리가 덧나는 것

멧나물	아랫니	텃마당	아랫마을	뒷머리
잇몸	깻묵	냇물	빗물	

(3) 뒷말의 첫소리 모음 앞에서 'ㄴㄴ' 소리가 덧나는 것

도리깻열	뒷윷	두렛일	뒷일	뒷입맛
베갯잇	욧잇	깻잎	나뭇잎	댓잎

2. 순 우리말과 한자어로 된 합성어로서 앞말이 모음으로 끝난 경우

(1) 뒷말의 첫소리가 된소리로 나는 것

귓병	머릿방	뱃병	봇둑	사잣밥
샛강	아랫방	자릿세	전셋집	찻잔
찻종	촛국	콧병	탯줄	텃세
핏기	햇수	횟가루	횟배	

(2) 뒷말의 첫소리 'ㄴ, ㅁ' 앞에서 'ㄴ' 소리가 덧나는 것

곗날	제삿날	훗날	툇마루	양칫물

(3) 뒷말의 첫소리 모음 앞에서 'ㄴㄴ' 소리가 덧나는 것

가윗일 사삿일 예삿일 훗일

3. 두 음절로 된 다음 한자어

곳간(庫間) 셋방(貰房) 숫자(數字)

찻간(車間) 툇간(退間) 횟수(回數)

제31항 두 말이 어울릴 적에 'ㅂ' 소리나 'ㅎ' 소리가 덧나는 것은 소리대로 적는다.

1. 'ㅂ' 소리가 덧나는 것

댑싸리(대ㅂ싸리) 멥쌀(메ㅂ쌀) 볍씨(벼ㅂ씨)

입때(이ㅂ때) 입쌀(이ㅂ쌀) 접때(저ㅂ때)

좁쌀(조ㅂ쌀) 햅쌀(해ㅂ쌀)

2. 'ㅎ' 소리가 덧나는 것

머리카락(머리ㅎ가락) 살코기(살ㅎ고기) 수캐(수ㅎ개)

수컷(수ㅎ것) 수탉(수ㅎ닭) 안팎(안ㅎ밖)

암캐(암ㅎ개) 암컷(암ㅎ것) 암탉(암ㅎ닭)

제5절 준말

제32항 단어의 끝 모음이 줄어지고 자음만 남은 것은 그 앞의 음절에 받침으로 적는다.

본말	준말	본말	준말
기러기야	기럭아	온가지	온갖
어제그저께	엊그저께	가지고, 가지지	갖고, 갖지
어제저녁	엊저녁	디디고, 디디지	딛고, 딛지

제33항 체언과 조사가 어울려 줄어지는 경우에는 준 대로 적는다.

본말	준말	본말	준말
그것은	그건	너는	넌
그것이	그게	너를	널
그것으로	그걸로	나는	난
무엇을	뭣을 / 무얼 / 뭘	나를	날
무엇이	뭣이 / 무에		

제34항 모음 'ㅏ, ㅓ'로 끝난 어간에 '-아/-어, -았-/-었-'이 어울릴 적에는 준 대로 적는다.

본말	준말	본말	준말
가아	가	가았다	갔다
나아	나	나았다	났다
타아	타	타았다	탔다

서어	서	서었다	섰다
켜어	켜	켜었다	켰다
펴어	펴	펴었다	폈다

[붙임 1] 'ㅐ, ㅔ' 뒤에 '-어, -었-'이 어울려 줄 적에는 준 대로 적는다.

본말	준말	본말	준말
개어	개	개었다	갰다
내어	내	내었다	냈다
베어	베	베었다	벴다
세어	세	세었다	셌다

[붙임 2] '하여'가 한 음절로 줄어서 '해'로 될 적에는 준 대로 적는다.

본말	준말	본말	준말
하여	해	하였다	했다
더하여	더해	더하였다	더했다
흔하여	흔해	흔하였다	흔했다

제35항 모음 'ㅗ, ㅜ'로 끝난 어간에 '-아/-어, -았-/-었-'이 어울려 'ㅘ/ㅝ, ㅘㅆ/ㅝㅆ'으로 될 적에는 준 대로 적는다.

본말	준말	본말	준말
꼬아	꽈	꼬았다	꽜다
보아	봐	보았다	봤다
쏘아	쏴	쏘았다	쐈다
두어	둬	두었다	뒀다
쑤어	쒀	쑤었다	쒔다
주어	줘	주었다	줬다

[붙임 1] '놓아'가 '놔'로 줄 적에는 준 대로 적는다.

[붙임 2] 'ㅚ' 뒤에 '-어, -었-'이 어울려 'ㅙ, ㅙㅆ'으로 될 적에는 준 대로 적는다.

본말	준말	본말	준말
괴어	괘	괴었나	괬나
되어	돼	되었다	됐다
뵈어	봬	뵈었다	뵀다
쇠어	쇄	쇠었다	쇘다
쐬어	쐐	쐬었다	쐤다

제36항 'ㅣ' 뒤에 '어'가 와서 'ㅕ'로 줄 적에는 준 대로 적는다.

본말	준말	본말	준말
가지어	가져	가지었다	가졌다

견디어	견뎌	견디었다	견뎠다
다니어	다녀	다니었다	다녔다
막히어	막혀	막히었다	막혔다
버티어	버텨	버티었다	버텼다
치이어	치여	치이었다	치였다

제37항 'ㅏ, ㅕ, ㅗ, ㅜ, ㅡ'로 끝난 어간에 '-이-'가 와서 각각 'ㅐ, ㅖ, ㅚ, ㅟ, ㅢ'로 줄 적에는 준 대로 적는다.

본말	준말	본말	준말
싸이다	쌔다	누이다	뉘다
펴이다	폐다	뜨이다	띄다
보이다	뵈다	쓰이다	씌다

제38항 'ㅏ, ㅗ, ㅜ, ㅡ' 뒤에 '-이어'가 어울려 줄어질 적에는 준대로 적는다.

본말	준말	본말	준말
싸이어	쌔어 싸여	뜨이어	띄어
보이어	뵈어 보여	쓰이어	씌어 쓰여
쏘이어	쐬어 쏘여	트이어	틔어 트여
누이어	뉘어 누여		

제39항 어미 '-지' 뒤에 '않-'이 어울려 '-잖-'이 될 적과 '-하지' 뒤에 '않-'이 어울려 '-찮-'이 될 적에는 준 대로 적는다.

본말	준말	본말	준말
그렇지 않은	그렇잖은	만만하지 않다	만만찮다
적지 않은	적잖은	변변하지 않다	변변찮다

제40항 어간의 끝 음절 '하'의 'ㅏ'가 줄고, 'ㅎ'이 다음 음절의 첫소리와 어울려 거센소리로 될 적에는 거센소리로 적는다.

본말	준말	본말	준말
간편하게	간편케	다정하다	다정타
연구하도록	연구토록	정결하다	정결타
가하다	가타	흔하다	흔타

[붙임 1] 'ㅎ'이 어간의 끝소리로 굳어진 것은 받침으로 적는다.

않다	않고	않지	않든지
그렇다	그렇고	그렇지	그렇든지
아무렇다	아무렇고	아무렇지	아무렇든지
어떻다	어떻고	어떻지	어떻든지
이렇다	이렇고	이렇지	이렇든지

저렇다　　저렇고　　저렇지　　저렇든지

[붙임 2]　어간의 끝 음절 '하'가 아주 줄 적에는 준 대로 적는다.

본말	준말	본말	준말
거북하지	거북지	넉넉하지 않다	넉넉지 않다
생각하건대	생각건대	못하지 않다	못지 않다
생각하다 못하여	생각다 못해	섭섭하지 않다	섭섭지 않다
깨끗하지 않다	깨끗지 않다	익숙하지 않다	익숙지 않다

[붙임 3]　다음과 같은 부사는 소리대로 적다.

결단코　결코　기필코　무심코　아무튼　요컨대

정녕코　필연코　하마터면　하여튼　한사코

제 5 장　띄어쓰기

제1절　조사

제41항　조사는 그 앞말에 붙여 쓴다.

꽃이　꽃마저　꽃밖에　꽃에서부터　꽃으로만

꽃이나마　꽃이다　꽃입니다　꽃처럼　어디까지나

거기도　멀리는　웃고만

제2절　의존 명사, 단위를 나타내는 명사 및 열거하는 말 등

제42항　의존 명사는 띄어 쓴다.

아는 것이 힘이다.　나도 할 수 있다.

먹을 만큼 먹어라.　아는 이를 만났다.

네가 뜻한 바를 알겠다.　그가 떠난 지가 오래다.

제43항　단위를 나타내는 명사는 띄어 쓴다.

한 개　차 한 대　금 서 돈

소 한 마리　옷 한 벌　열 살

조기 한 손　연필 한 자루　버선 한 죽

집 한 채　신 두 켤레　북어 한 쾌

다만, 순서를 나타내는 경우나 숫자와 어울리어 쓰이는 경우에는 붙여 쓸 수 있다.

두시 삼십분 오초　제일과　삼학년　육층

1446년 10월 9일　　2대대　　16동 502호　　제1실습실
80원　　10개　　7미터

제44항　수를 적을 적에는 만(萬) 단위로 띄어 쓴다.
십이억 삼천사백오십육만 칠천팔백구십팔
12억 3456만 7898

제45항　두 말을 이어 주거나 열거할 적에 쓰이는 말들은 띄어 쓴다.

국장 겸 과장	열 내지 스물
청군 대 백군	책상, 걸상 등이 있다.
이사장 및 이사들	사과, 배, 귤 등등
사과, 배 등속	부산, 광주 등등

제46항　단음절로 된 단어가 연이어 나타날 적에는 붙여 쓸 수 있다.
그때　그곳　좀더　큰것　이말　저말　한잎　두잎

제3절 보조 용언

제47항　보조 용언은 띄어 씀을 원칙으로 하되, 경우에 따라 붙여 씀도 허용한다.(ㄱ을 원칙으로 하고, ㄴ을 허용함.)

ㄱ	ㄴ
불이 꺼져 간다.	불이 꺼져간다.
내 힘으로 막아 낸다.	내 힘으로 막아낸다.
어머니를 도와 드린다.	어머니를 도와드린다.
그릇을 깨뜨려 버렸다.	그릇을 깨뜨려버렸다.
비가 올 듯하다.	비가 올듯하다.
그 일은 할 만하다.	그 일은 할만하다.
일이 될 법하다.	일이 될법하다.
비가 올 성싶다.	비가 올성싶다.
잘 아는 척한다.	잘 아는척한다.

다만, 앞말에 조사가 붙거나 앞말이 합성 동사인 경우, 그리고 중간에 조사가 들어갈 적에는 그 뒤에 오는 보조 용언은 띄어 쓴다.

잘도 놀아만 나는구나!	책을 읽어도 보고…….
네가 덤벼들어 보아라.	강물에 떠내려가 버렸다.
그가 올 듯도 하다.	잘난 체를 한다.

제4절 고유 명사 및 전문 용어

제48항 성과 이름, 성과 호 등은 붙여 쓰고, 이에 덧붙는 호칭어, 관직명 등은 띄어 쓴다.

김양수(金良洙)	서화담(徐花潭)	채영신 씨
최치원 선생	박동식 박사	충무공 이순신 장군

다만, 성과 이름, 성과 호를 분명히 구분할 필요가 있을 경우에는 띄어 쓸 수 있다.

남궁억/남궁 억 독고준/독고 준 황보지봉(皇甫芝峰)/황보 지봉

제49항 성명 이외의 고유 명사는 단어별로 띄어 씀을 원칙으로 하되, 단위별로 띄어 쓸 수 있다.(ㄱ을 원칙으로 하고, ㄴ을 허용함.)

ㄱ	ㄴ
대한 중학교	대한중학교
한국 대학교 사범 대학	한국대학교 사범대학

제50항 전문 용어는 단어별로 띄어 씀을 원칙으로 하되, 붙여 쓸 수 있다.(ㄱ을 원칙으로 하고, ㄴ을 허용함.)

ㄱ	ㄴ
만성 골수성 백혈병	만성골수성백혈병
중거리 탄도 유도탄	중거리탄도유도탄

제 6 장 그 밖의 것

제51항 부사의 음절이 분명히 '이'로만 나는 것은 '-이'로 적고, '히'로만 나거나 '이'나 '히'로 나는 것은 '-히'로 적는다.

1. '이'로만 나는 것

가붓이	깨끗이	나붓이	느긋이	둥긋이
따뜻이	반듯이	버젓이	산뜻이	의젓이
가까이	고이	날카로이	대수로이	번거로이
많이	적이	헛되이	겹겹이	번번이
일일이	집집이	틈틈이		

2. '히'로만 나는 것

극히	급히	딱히	속히	작히
족히	특히	엄격히	정확히	

3. '이, 히'로 나는 것

솔직히	가만히	간편히	나른히	무단히

각별히	소홀히	쓸쓸히	정결히	과감히
꼼꼼히	심히	열심히	급급히	답답히
섭섭히	공평히	능히	당당히	분명히
상당히	조용히	간소히	고요히	도저히

제52항 한자어에서 본음으로도 나고 속음으로도 나는 것은 각각 그 소리에 따라 적는다.

(본음으로 나는 것)	(속음으로 나는 것)
승낙(承諾)	수락(受諾), 쾌락(快諾), 허락(許諾)
만난(萬難)	곤란(困難), 논란(論難)
안녕(安寧)	의령(宜寧), 회령(會寧)
분노(忿怒)	대로(大怒), 희로애락(喜怒哀樂)
오륙십(五六十)	오뉴월, 유월(六月)
목재(木材)	모과(木瓜)
십일(十日)	시방정토(十方淨土), 시왕(十王), 시월(十月)
팔일(八日)	초파일(初八日)

제53항 다음과 같은 어미는 예사소리로 적는다.(ㄱ을 취하고, ㄴ을 버림.)

ㄱ	ㄴ	ㄱ	ㄴ
-(으)ㄹ거나	-(으)ㄹ꺼나	-(으)ㄹ지	-(으)ㄹ찌
-(으)ㄹ걸	-(으)ㄹ껄	-(으)ㄹ지니라	-(으)ㄹ찌니라
-(으)ㄹ게	-(으)ㄹ께	-(으)ㄹ지어다	-(으)ㄹ찌어다
-(으)ㄹ세	-(으)ㄹ쎄	-(으)ㄹ지언정	-(으)ㄹ찌언정
-(으)ㄹ세라	-(으)ㄹ쎄라	-(으)ㄹ진대	-(으)ㄹ찐대
-(으)ㄹ수록	-(으)ㄹ쑤록	-(으)ㄹ진저	-(으)ㄹ찐저
-(으)ㄹ시	-(으)ㄹ씨	-올시다	-올씨다

다만, 의문을 나타내는 다음 어미들은 된소리로 적는다.

-(으)ㄹ까? -(으)ㄹ꼬? -(스)ㅂ니까? -(으)리까? -(으)ㄹ쏘냐?

제54항 다음과 같은 접미사는 된소리로 적는다.(ㄱ을 취하고, ㄴ을 버림.)

ㄱ	ㄴ	ㄱ	ㄴ
심부름꾼	심부름군	귀때기	귓대기
익살꾼	익살군	볼때기	볼대기
일꾼	일군	판자때기	판잣대기
장꾼	장군	뒤꿈치	뒤굼치
장난꾼	장난군	팔꿈치	팔굼치
지게꾼	지겟군	이마빼기	이맛배기
때깔	땟갈	코빼기	콧배기

빛깔	빛갈	객쩍다	객적다
성깔	성갈	겸연쩍다	겸연적다

第55항 두 가지로 구별하여 적던 다음 말들은 한 가지로 적는다.(ㄱ을 취하고, ㄴ을 버림.)

ㄱ	ㄴ
맞추다(입을 맞춘다. 양복을 맞춘다.)	마추다
뻗치다(다리를 뻗친다. 멀리 뻗친다.)	뻐치다

第56항 '-더라, -던' 과 '-든지' 는 다음과 같이 적는다.

1. 지난 일을 나타내는 어미는 '-더라, -던' 으로 적는다.(ㄱ을 취하고, ㄴ을 버림.)

ㄱ	ㄴ
지난 겨울은 몹시 춥더라.	지난 겨울은 몹시 춥드라.
깊던 물이 얕아졌다.	깊든 물이 얕아졌다.
그렇게 좋던가?	그렇게 좋든가?
그 사람 말 잘하던데!	그 사람 말 잘하든데!
얼마나 놀랐던지 몰라.	얼마나 놀랐든지 몰라.

2. 물건이나 일의 내용을 가리지 아니하는 뜻을 나타내는 조사와 어미는 '(-)든지' 로 적는다.(ㄱ을 취하고, ㄴ을 버림.)

ㄱ	ㄴ
배든지 사과든지 마음대로 먹어라.	배던지 사과던지 마음대로 먹어라.
가든지 오든지 마음대로 해라.	가던지 오던지 마음대로 해라.

第57항 다음 말들은 각각 구별하여 적는다.

가름	둘로 가름
갈음	새 책상으로 갈음하였다.
거름	풀을 썩인 거름
걸음	빠른 걸음
거치다	영월을 거쳐 왔다.
걷히다	외상값이 잘 걷힌다.
걷잡다	걷잡을 수 없는 상태
겉잡다	겉잡아서 이틀 걸릴 일
그러므로(그러니까)	그는 부지런하다. 그러므로 잘 산다.
그럼으로(써)	그는 열심히 공부한다. 그럼으로(써)

(그렇게 하는 것으로)	은혜에 보답한다.
노름	노름판이 벌어졌다.
놀음(놀이)	즐거운 놀음
느리다	진도가 너무 느리다.
늘이다	고무줄을 늘인다.
늘리다	수출량을 더 늘린다.
다리다	옷을 다린다.
달이다	약을 달인다.
다치다	부주의로 손을 다쳤다.
닫히다	문이 저절로 닫혔다.
닫치다	문을 힘껏 닫쳤다.
마치다	벌써 일을 마쳤다.
맞히다	여러 문제를 더 맞혔다.
목거리	목거리가 덧났다.
목걸이	금 목걸이, 은 목걸이
바치다	나라를 위해 목숨을 바쳤다.
받치다	우산을 받치고 간다. 책받침을 받친다.
받히다	쇠뿔에 받혔다.
밭치다	술을 체에 밭친다.
반드시	약속은 반드시 지켜라.
반듯이	고개를 반듯이 들어라.
부딪치다	차와 차가 마주 부딪쳤다.
부딪히다	마차가 화물차에 부딪혔다.
부치다	힘이 부치는 일이다.
	편지를 부친다.

	논밭을 부친다.
	빈대떡을 부친다.
	식목일에 부치는 글
	회의에 부치는 안건
	인쇄에 부치는 원고
	삼촌 집에 숙식을 부친다.
붙이다	우표를 붙인다.
	책상을 벽에 붙였다.
	흥정을 붙인다.
	불을 붙인다.
	감시원을 붙인다.
	조건을 붙인다.
	취미를 붙인다.
	별명을 붙인다.
시키다	일을 시킨다.
식히다	끓인 물을 식힌다.
아름	세 아름 되는 둘레
알음	전부터 알음이 있는 사이
앎	앎이 힘이다.
안치다	밥을 안친다.
앉히다	윗자리에 앉힌다.
어름	두 물건의 어름에서 일어난 현상
얼음	얼음이 얼었다.
이따가	이따가 오너라.
있다가	돈은 있다가도 없다.
저리다	다친 다리가 저린다.
절이다	김장 배추를 절인다.

조리다	생선을 조린다. 통조림, 병조림
졸이다	마음을 졸인다.
주리다	여러 날을 주렸다.
줄이다	비용을 줄인다.
하노라고	하노라고 한 것이 이 모양이다.
하느라고	공부하느라고 밤을 새웠다.
−느니보다(어미)	나를 찾아 오느니보다 집에 있거라.
−는 이보다(의존 명사)	오는 이가 가는 이보다 많다.
−(으)리만큼(어미)	나를 미워하리만큼 그에게 잘못한 일이 없다.
−(으)ㄹ 이만큼(의존 명사)	찬성할 이도 반대할 이만큼이나 많을 것이다.
−(으)러(목적)	공부하러 간다.
−(으)려(의도)	서울 가려 한다.
−(으)로서(자격)	사람으로서 그럴 수는 없다.
−(으)로써(수단)	닭으로써 꿩을 대신했다.
−(으)므로(어미)	그가 나를 믿으므로 나도 그를 믿는다.
(−ㅁ, −음)으로 (써)(조사)	그는 믿음으로(써) 산 보람을 느꼈다.

| 문장 부호 |

문장 부호의 이름과 그 사용법은 다음과 같이 정한다.

Ⅰ. 마침표[終止符]

1. 온점(.), 고리점(。)

가로쓰기에는 온점, 세로쓰기에는 고리점을 쓴다.

(1) 서술, 명령, 청유 등을 나타내는 문장의 끝에 쓴다.

젊은이는 나라의 기둥이다.

황금 보기를 돌같이 하라.

집으로 돌아가자.

다만, 표제어나 표어에는 쓰지 않는다.

압록강은 흐른다(표제어)

꺼진 불도 다시 보자(표어)

(2) 아라비아 숫자만으로 연월일을 표시할 적에 쓴다.

1919. 3. 1. (1919년 3월 1일)

(3) 표시 문자 다음에 쓴다.

1. 마침표　　　ㄱ. 물음표　　　가. 인명

(4) 준말을 나타내는 데 쓴다.

서. 1987. 3. 5. (서기)

2. 물음표(?)

의심이나 물음을 나타낸다.

(1) 직접 질문할 때에 쓴다.

이제 가면 언제 돌아오니?

이름이 뭐지?

(2) 반어나 수사 의문(修辭疑問)을 나타낼 때 쓴다.

제가 감히 거역할 리가 있습니까?

이게 은혜에 대한 보답이냐?

남북 통일이 되면 얼마나 좋을까?

(3) 특정한 어구 또는 그 내용에 대하여 의심이나 빈정거림, 비웃음 등을 표시할 때, 또는 적절한 말을

쓰기 어려운 경우에 소괄호 안에 쓴다.

그것 참 훌륭한(?) 태도야.

우리 집 고양이가 가출(?)을 했어요.

[붙임 1] 한 문장에서 몇 개의 선택적인 물음이 겹쳤을 때에는 맨 끝의 물음에만 쓰지만, 각각 독립된 물음인 경우에는 물음마다 쓴다.

너는 한국인이냐, 중국인이냐?

너는 언제 왔니? 어디서 왔니? 무엇하러?

[붙임 2] 의문형 어미로 끝나는 문장이라도 의문의 정도가 약할 때에는 물음표 대신 온점(또는 고리점)을 쓸 수도 있다.

이 일을 도대체 어쩐단 말이냐.

아무도 그 일에 찬성하지 않을 거야. 혹 미친 사람이면 모를까.

3. 느낌표(!)

감탄이나 놀람, 부르짖음, 명령 등 강한 느낌을 나타낸다.

(1) 느낌을 힘차게 나타내기 위해 감탄사나 감탄형 종결어미 다음에 쓴다.

앗!

아, 달이 밝구나!

(2) 강한 명령문 또는 청유문에 쓴다.

지금 즉시 대답해!

부디 몸조심하도록!

(3) 감정을 넣어 다른 사람을 부르거나 대답할 적에 쓴다.

춘향아!

예, 도련님!

(4) 물음의 말로써 놀람이나 항의의 뜻을 나타내는 경우에 쓴다.

이게 누구야!

내가 왜 나빠!

[붙임 3] 감탄형 어미로 끝나는 문장이라도 감탄의 정도가 약할 때에는 느낌표 대신 온점(또는 고리점)을 쓸 수도 있다.

개구리가 나온 것을 보니, 봄이 오긴 왔구나.

II. 쉼표[休止符]

1. 반점(,), 모점(、)

가로쓰기에는 반점, 세로쓰기에는 모점을 쓴다.

문장 안에서 짧은 휴지를 나타낸다.

(1) 같은 자격의 어구가 열거될 때에 쓴다.

근면, 검소, 협동은 우리 겨레의 미덕이다.

충청도의 계룡산, 전라도의 내장산, 강원도의 설악산은 모두 국립 공원이다.

다만, 조사로 연결될 적에는 쓰지 않는다.

매화와 난초와 국화와 대나무를 사군자라고 한다.

(2) 짝을 지어 구별할 필요가 있을 때에 쓴다.

닭과 지네, 개와 고양이는 상극이다.

(3) 바로 다음의 말을 꾸미지 않을 때에 쓴다.

슬픈 사연을 간직한, 경주 불국사의 무영탑

성질 급한, 철수의 누이동생이 화를 내었다.

(4) 대등하거나 종속적인 절이 이어질 때에 절 사이에 쓴다.

콩 심으면 콩 나고, 팥 심으면 팥 난다.

흰 눈이 내리니, 경치가 더욱 아름답다.

(5) 부르는 말이나 대답하는 말 뒤에 쓴다.

얘야, 이리 오너라.

예, 지금 가겠습니다.

(6) 제시어 다음에 쓴다.

빵, 빵이 인생의 전부이더냐?

용기, 이것이야말로 무엇과도 바꿀 수 없는 젊은이의 자산이다.

(7) 도치된 문장에 쓴다.

이리 오세요, 어머님.

다시 보자, 한강수야.

(8) 가벼운 감탄을 나타내는 말 뒤에 쓴다.

아, 깜빡 잊었구나.

(9) 문장 첫머리의 접속이나 연결을 나타내는 말 다음에 쓴다.

첫째, 몸이 튼튼해야 된다.

아무튼, 나는 집에 돌아가겠다.

다만, 일반적으로 쓰이는 접속어(그러나, 그러므로, 그리고, 그런데 등) 뒤에는 쓰지 않음을 원칙으로 한다.

그러나 너는 실망할 필요가 없다.

(10) 문장 중간에 끼어든 구절 앞뒤에 쓴다.

나는, 솔직히 말하면, 그 말이 별로 탐탁하지 않소.

철수는 미소를 띠고, 속으로는 화가 치밀었지만, 그들을 맞았다.

(11) 되풀이를 피하기 위하여 한 부분을 줄일 때에 쓴다.

여름에는 바다에서, 가을에는 산에서 휴가를 즐겼다.

(12) 문맥상 끊어 읽어야 할 곳에 쓴다.

갑돌이가 울면서, 떠나는 갑순이를 배웅했다.

갑돌이가, 울면서 떠나는 갑순이를 배웅했다.

철수가, 내가 제일 좋아하는 친구이다.

남을 괴롭히는 사람들은, 만약 그들이 다른 사람에게 괴롭힘을 당해 본다면, 남을 괴롭히는 일이 얼마나 나쁜 일인지 깨달을 것이다.

(13) 숫자를 나열할 때에 쓴다.

1, 2, 3, 4

(14) 수의 폭이나 개략의 수를 나타낼 때에 쓴다.

5, 6세기 6, 7개

(15) 수의 자릿점을 나타낼 때에 쓴다.

14,314

2. 가운뎃점(·)

열거된 여러 단위가 대등하거나 밀접한 관계임을 나타낸다.

(1) 쉼표로 열거된 어구가 다시 여러 단위로 나누어질 때에 쓴다.

철수 · 영이, 영수 · 순이가 서로 짝이 되어 윷놀이를 하였다.

공주 · 논산, 천안 · 아산 · 천원 등 각 지역구에서 2명씩 국회의원을 뽑는다.

시장에 가서 사과 · 배 · 복숭아 · 고추 · 마늘 · 파, 조기 · 명태 · 고등어를 샀다.

(2) 특정한 의미를 가지는 날을 나타내는 숫자에 쓴다.

3 · 1 운동 8 · 15 광복

(3) 같은 계열의 단어 사시에 쓴다.

경북 방언의 조사 연구

충북 충남 두 도를 합하여 충청도라고 한다.

동사 형용사를 합하여 용언이라고 한다.

3. 쌍점(:)

(1) 내포되는 종류를 들 적에 쓴다.

문장부호 : 마침표, 쉼표, 따옴표, 물음표 등

문장사우 : 붓, 먹, 벼루, 종이

(2) 소표제 뒤에 간단한 설명이 붙을 때에 쓴다.

일 시 : 1984년 10월 15일 10시

마침표 : 문장이 끝남을 나타낸다.

(3) 저자명 다음에 저서명을 적을 때에 쓴다.

정약용 : 목민심서, 경세유표

주시경 : 국어 문법, 서울 박문서관, 1910.

(4) 시(時)와 분(分), 장(章)과 절(節) 따위를 구별할 때나, 둘 이상을 대비할 때에 쓴다.

오전 10 : 20(오전 10시 20분)

요한 3 : 16(요한복음 3장 16절)

대비 65 : 60(65 대 60)

4. 빗금(/)

(1) 대응, 대립되거나 대등한 것을 함께 보이는 단어와 구, 절 사이에 쓴다.

남궁만/남궁 만　　백이십오 원/125원

착한 사람/악한 사람　　맞닥뜨리다/맞닥트리다

(2) 분수를 나타낼 때에 쓰기도 한다.

3/4분기　　3/20

III. 따옴표[引用符]

1. 큰따옴표(" "), 겹낫표(『 』)

가로쓰기에는 큰따옴표, 세로쓰기에는 겹낫표를 쓴다.

대화, 인용, 특별 어구 따위를 나타낸다.

(1) 글 가운데서 직접 대화를 표시할 때에 쓴다.

"전기가 없었을 때는 어떻게 책을 보았을까?"

"그야 등잔불을 켜고 보았겠지,"

(2) 남의 말을 인용할 경우에 쓴다.

예로 부터 "민심은 천심이다."라고 하였다.

"사람은 사회적 동물이다."라고 말한 학자가 있다.

2. 작은따옴표(' '), 낫표(「 」)

가로쓰기에는 작은따옴표, 세로쓰기에는 낫표를 쓴다.

(1) 따온 말 가운데 다시 따온 말이 들어 있을 때에 쓴다.

"여러분! 침착해야 됩니다. '하늘이 무너져도 솟아날 구멍이 있다.' 고 합니다."

(2) 마음 속으로 한 말을 적을 때에 쓴다.

'만약 내가 이런 모습으로 돌아간다면 모두들 깜짝 놀라겠지.'

[붙임] 문장에서 중요한 부분을 두드러지게 하기 위해 드러냄표 대신에 쓰기도 한다.

지금 필요한 것은 '지식' 이 아니라 '실천' 입니다.

'배부른 돼지' 보다는 '배고픈 소크라테스' 가 되겠다.

Ⅳ. 묶음표[括弧符]

1. 소괄호(( ))

(1) 원어, 연대, 주석, 설명 등을 넣을 적에 쓴다.

커피(coffee)는 기호 식품이다.

3 · 1운동(1919) 당시 나는 중학생이었다.

'무정(無情)' 은 춘원(6 · 25때 납북)의 작품이다.

니체(독일의 철학자)는 이렇게 말했다.

(2) 특히 기호 또는 기호적인 구실을 하는 문자, 단어, 구에 쓴다.

(1) 주어　　(ㄱ) 명사　　(라) 소리에 관한 것

(3) 빈 자리임을 나타낼 적에 쓴다.

우리 나라의 수도는 ( )이다.

2. 중괄호({ })

여러 단위를 동등하게 묶어서 보일 때에 쓴다.

주격 조사 { 이 / 가 }　　국가의 3 요소 { 국토 / 국민 / 주권 }

3. 대괄호([ ])

(1) 묶음표 안의 말이 바깥 말과 음이 다를 때에 쓴다.

나이[年歲]　　　낱말[單語]　　　손발[手足]

(2) 묶음표 안에 또 묶음표가 있을 때에 쓴다.

명령에 있어서의 불확실[단호(斷乎)하지 못함]은 복종에 있어서의 불확실[모호(模湖)함]을 낳는다.

V. 이음표[연결부]

1. 줄표(—)

이미 말한 내용을 다른 말로 부연 하거나 보충함을 나타낸다.

(1) 문장 중간에 앞의 내용에 대해 부연하는 말이 끼여들 때 쓴다.

그 신동은 네 살에—보통 아이 같으면 천자문도 모를 나이에—벌써 시를 지었다.

(2) 앞의 말을 정정 또는 변명하는 말이 이어질 때 쓴다.

어머님께 말했다가—아니, 말씀드렸다가-꾸중만 들었다.

이건 내 것이니까—아니, 내가 처음 발견한 것이니까—절대로 양보 할 수가 없다.

2. 붙임표(–)

(1) 사전, 논문 등에서 합성어를 나타낼 적에, 또는 접사나 어미임을 나타낼 적에 쓴다.

겨울–나그네　　　불–구경　　　손–발

휘–날리다　　　슬기–롭다　　　–(으)ㄹ걸

(2) 외래어와 고유어 또는 한자어가 결합되는 경우에 쓴다.

나일론–실　　　다–장조　　　빛–에너지　　　염화–칼륨

3. 물결표(~)

(1) '내지' 라는 뜻에 쓴다.

9월 15일~9월 25일

(2) 어떤 말의 앞이나 뒤에 들어갈 말 대신 쓴다.

새마을 :　~운동　　　~노래

–가(家)– : 음악~　　　~미술

VI. 드러냄표[顯在符]

1. 드러냄표(˙, ˚)

˙ 이나 ˚ 을 가로쓰기에는 글자 위에, 세로쓰기에는 글자 오른쪽에 쓴다.

문장 내용 중에서 주의가 미쳐야 할 곳이나 중요한 부분을 특별히 드러내 보일 때 쓴다.

> 한글의 본 이름은 훈민정음이다.
>
> 중요한 것은 왜 사느냐가 아니라 어떻게 사느냐 하는 문제이다.

[붙임] 가로쓰기에서는 밑줄(---, ~~)을 치기도 한다.

> 다음 보기에서 명사가 아닌 것은?

VII. 안드러냄표[潛在符]

1. 숨김표(××, ○○)

알면서도 고의로 드러내지 않음을 나타낸다.

(1) 금기어나 공공연히 쓰기 어려운 비속어의 경우, 그 글자의 수효 만큼 쓴다.

> 배운 사람 입에서 어찌 ○○○란 말이 나올 수 있느냐?
>
> 그 말을 듣는 순간 ×××란 말이 목구멍까지 치밀었다.

(2) 비밀을 유지할 사항일 경우, 그 글자의 수효만큼 쓴다.

> 육군 ○○부대 ○○○명이 작전에 참가 하였다.
>
> 그 모임의 참석자는 김××씨, 정××씨 등 5명이었다.

2. 빠짐표(□)

글자의 자리를 비워 둠을 나타낸다.

(1) 옛 비문이나 서적 등에서 글자가 분명하지 않을 때에 그 글자의 수효 만큼 쓴다.

> 大師爲法主□□賴之大□薦(옛 비문)

(2) 글자가 들어가야 할 자리를 나타낼 때 쓴다.

> 훈민정음의 초성 중에서 아음(牙音)은 □□□의 석 자다.

3. 줄임표(……)

(1) 할 말을 줄였을 때에 쓴다.

"어디 나하고 한 번……."

하고 철수가 나섰다.

(2) 말이 없음을 나타낼 때에 쓴다.

"빨리 말해!"

"……."

| 표준어 규정 |

제1부 표준어 사정 원칙

제1장 총 칙

제 1 항 표준어는 교양 있는 사람들이 두루 쓰는 현대 서울말로 정함을 원칙으로 한다.

제 2 항 외래어는 따로 사정한다.

제2장 발음 변화에 따른 표준어 규정

제1절 자음

제 3 항 다음 단어들은 거센소리를 가진 형태를 표준어로 삼는다.(ㄱ을 표준어로 삼고, ㄴ을 버림.)

ㄱ	ㄴ	비 고
끄나풀	끄나불	
나팔-꽃	나발-꽃	
녘	녁	동~, 들~, 새벽~,동틀~
부엌	부억	
살-쾡이	삵-괭이	
칸	간	1.~막이, 빈~, 방 한~ 2. '초가삼간, 윗간' 의 경우에는 '간' 임. 재물을 다 없애다.
털어-먹다	떨어-먹다	

제 4 항 다음 단어들은 거센소리로 나지 않는 형태를 표준어로 삼는다.(ㄱ을 표준어로 삼고, ㄴ을 버림.)

ㄱ	ㄴ	비 고
가을-갈이	가을-카리	
거시기	거시키	
분침	푼침	

제 5 항 어원에서 멀어진 형태로 굳어져서 널리 쓰이는 것은, 그것을 표준어로 삼는다.(ㄱ을 표준

어로 삼고, ㄴ을 버림.)

ㄱ	ㄴ	비 고
강낭-콩	강남-콩	
고삿	고샅	겉~, 속~
사글-세	삭월-세	'월세'는 표준어임
울력-성당	위력-성당	떼를 지어서 으르고 협박하는 일

다만, 어원적으로 원형에 더 가까운 형태가 아직 쓰이고 있는 경우에도, 그것을 표준어로 삼는다.(ㄱ을 표준어로 삼고, ㄴ을 버림.)

ㄱ	ㄴ	비 고
갈비	가리	~구이, ~찜, 갈빗-대
갓모	갈모	1. 사기 만드는 물레 밑고리 2. '갈모'는 갓 위에 쓰는, 유지로 만든 우비
굴-젓	구-젓	
말-곁	말-겻	
물-수란	물-수랄	
밀-뜨리다	미-뜨리다	
적-이	저으기	적이-나, 적이나-하면
휴-지	수지	

제 6 항 다음 단어들은 의미를 구별함이 없이, 한 가지 형태만을 표준어로 삼는다.(ㄱ을 표준어로 삼고, ㄴ을 버림.)

ㄱ	ㄴ	비 고
돌	돐	생일, 주기
둘-째	두-째	'제 2, 두 개째'의 뜻
셋-째	세-째	'제 3, 세 개째'의 뜻
넷-째	네-째	'제 4, 네 개째'의 뜻
빌리다	빌다	1. 빌려 주다, 빌려 오다 2. '용서를 빌다'는 '빌다'임.

다만, '둘째'는 십 단위 이상의 서수사에 쓰일 때에 '두째'로 한다.

ㄱ	ㄴ	비 고
열두-째		열두 개째의 뜻은 '열둘째'로
스물두-째		스물두 개째의 뜻은 '스물둘째'로

제 7 항 수컷을 이르는 접두사는 '수-'로 통일한다.(ㄱ을 표준어로 삼고, ㄴ을 버림.)

ㄱ	ㄴ	비 고
수-꿩	수-퀑, 숫-꿩	'장끼' 도 표준어임.
수-나사	숫-나사	
수-놈	숫-놈	
수-사돈	숫-사돈	
수-소	숫-소	'황소' 도 표준어임.
수-은행나무	숫-은행나무	

다만 1. 다음 단어에서는 접두사 다음에서 나오는 거센소리를 인정한다. 접두사 '암-' 이 결합되는 경우에도 이에 준한다.(ㄱ을 표준어로 삼고, ㄴ을 버림.)

ㄱ	ㄴ	비 고
수-캉아지	숫-강아지	
수-캐	숫-개	
수-컷	숫-것	
수-	숫-기와	
수-탉	숫-닭	
수-탕나귀	숫-당나귀	
수-톨쩌귀	숫-돌쩌귀	
수-퇘지	숫-돼지	
수-평아리	숫-병아리	

다만 2. 다음 단어의 접두사는 '숫-'으로 한다.(ㄱ을 표준어로 삼고, ㄴ을 버림.)

ㄱ	ㄴ	비 고
숫-양	수-양	
숫-염소	수-염소	
숫-쥐	수-쥐	

제2절 모음

제 8 항 양성 모음이 음성 모음으로 바뀌어 굳어진 다음 단어는 음성 모음 형태를 표준어로 삼는다.(ㄱ을 표준어로 삼고, ㄴ을 버림.)

ㄱ	ㄴ	비 고
깡충-깡충	깡총-깡총	큰말은 '껑충껑충' 임.
-둥이	-동이	←童-이. 귀-, 막-, 선-, 쌍-, 검-,바람-, 흰-
발가-숭이	발가-송이	센말은 '빨가숭이' , 큰말은 '벌거숭이,

		뻘거숭이' 임.
보퉁이	보통이	
봉죽	봉족	←奉足. ~꾼, ~들다
뻗정-다리	뻗장-다리	
아서, 아서라	앗아, 앗아라	하자 말라고 금지하는 말
오뚝-이	오똑-이	부사도 '오뚝-이' 임.
주추	주초	←柱礎. 주춧-돌

다만, 어원 의식이 강하게 작용하는 다음 단어에서는 양성 모음 형태를 그대로 표준어로 삼는다.(ㄱ을 표준어로 삼고, ㄴ을 버림.)

ㄱ	ㄴ	비　고
부조(扶助)	부주	~금, 부좃-술
사돈(査頓)	사둔	밭~, 안~
삼촌(三寸)	삼춘	시~, 외~, 처~

제 9 항　'ㅣ' 역행 동화 현상에 의한 발음은 원칙적으로 표준 발음으로 인정하지 아니하되, 다만 다음 단어들은 그러한 동화가 적용된 형태를 표준어로 삼는다.(ㄱ을 표준어로 삼고, ㄴ을 버림.)

ㄱ	ㄴ	비　고
-내기	-나기	서울-, 시골-, 신출-, 풋-
냄비	남비	
동댕이-치다	동당이-치다	

[붙임 1]　다음 단어는 'ㅣ' 역행 동화가 일어나지 아니한 형태를 표준어로 삼는다.(ㄱ을 표준어로 삼고, ㄴ을 버림.)

ㄱ	ㄴ	비　고
아지랑이	아지랭이	

[붙임 2]　기술자에게는 '-장이', 그 외에는 '-쟁이'가 붙는 형태를 표준어로 삼는다.(ㄱ을 표준어로 삼고, ㄴ을 버림.)

ㄱ	ㄴ	비　고
미장이	미쟁이	
유기장이	유기쟁이	
멋쟁이	멋장이	
소금쟁이	소금장이	
담쟁이-덩굴	담장이-덩굴	

골목쟁이 발목쟁이	골목장이 발목장이	

제10항　다음 단어는 모음이 단순화한 형태를 표준어로 삼는다.(ㄱ을 표준어로 삼고, ㄴ을 버림.)

ㄱ	ㄴ	비　고
괴팍-하다	괴퍅-하다/괴팩-하다	
-구먼	-구면	
미루-나무	미류-나무	←美柳~.
미륵	미력	← 彌勒. ~보살, ~불, 돌~
여느	여늬	
온-달	왼-달	만 한 달
으레	으례	
케케-묵다	켸켸-묵다	
허우대	허위대	
허우적-허우적	허위적-허위적	허우적-거리다

제11항　다음 단어에서는 모음의 발음 변화를 인정하여, 발음이 바뀌어 굳어진 형태를 표준어로 삼는다.(ㄱ을 표준어로 삼고, ㄴ을 버림.)

ㄱ	ㄴ	비　고
-구려	-구료	
깍쟁이	깍정이	1. 서울~, 알~, 찰~ 2. 도토리, 상수리 등의 받침은 '깍정이'임
나무라다	나무래다	
미수	미시	미숫-가루
바라다	바래다	'바램[所望]'은 비표준어임.
상추	상치	~쌈
시러베-아들	실업의-아들	
주책	주착	←主着. ~망나니, ~없다.
지루-하다	지리-하다	←支離.
튀기	트기	
허드레	허드래	허드렛-물, 허드렛-일
호루라기	호루루기	

제12항　'웃-' 및 '윗-'은 명사 '위'에 맞추어 '윗-'으로 통일한다.(ㄱ을 표준어로 삼고, ㄴ을 버림.)

ㄱ	ㄴ	비고
윗-넓이	웃-넓이	
윗-눈썹	웃-눈썹	
윗-니	웃-니	
윗-당줄	웃-당줄	
윗-덧줄	웃-덧줄	
윗-도리	웃-도리	
윗-동아리	웃-동아리	준말은 '윗동' 임
윗-막이	웃-막이	
윗-머리	웃-머리	
윗-목	웃-목	
윗-몸	웃-몸	~운동
윗-바람	웃-바람	
윗-배	웃-배	
윗-벌	웃-벌	
윗-변	웃-변	수학 용어
윗-사랑	웃-사랑	
윗-세장	웃-세장	
윗-수염	웃-수염	
윗-입술	웃-입술	
윗-잇몸	웃-잇몸	
윗-자리	웃-자리	
윗-중방	웃-중방	
윗-통	웃-통	

다만 1. 된소리나 거센소리 앞에서는 '-위' 로 한다.(ㄱ을 표준어로 삼고,ㄴ을 버림.)

ㄱ	ㄴ	비고
위-짝	웃-짝	
위-쪽	웃-쪽	
위-채	웃-채	
위-층	웃-층	
위-치마	웃-치마	
위-턱	웃-턱	~구름[上層雲]
위-팔	웃-팔	

다만 2. '아래, 위' 의 대립이 없는 단어는 '웃-' 으로 발음되는 형태를 표준어로 삼는다. (ㄱ을 표준어로 삼고, ㄴ을 버림.)

ㄱ	ㄴ	비 고
웃-국	윗-국	
웃-기	윗-기	
웃-돈	윗-돈	
웃-비	윗-비	~걷다
웃-어른	윗-어른	
웃-옷	윗-옷	

제13항 한자 '구(句)'가 붙어서 이루어진 단어는 '귀'로 읽는 것을 인정하지 아니하고, '구'로 통일한다.(ㄱ을 표준어로 삼고, ㄴ을 버림.)

ㄱ	ㄴ	비 고
구법(句法)	귀법	
구절(句節)	귀절	
구점(句點)	귀점	
결구(結句)	결귀	
경구(警句)	경귀	
경인구(警人句)	경인귀	
난구(難句)	난귀	
단구(短句)	단귀	
단명구(短命句)	단명귀	
대구(對句)	대귀	~법(對句法)
문구(文句)	문귀	
성구(成句)	성귀	~어(成句語)
시구(詩句)	시귀	
어구(語句)	어귀	
연구(聯句)	연귀	
인용구(引用句)	인용귀	
절구(絶句)	절귀	

다만, 다음 단어는 '귀'로 발음되는 형태를 표준어로 삼는다.(ㄱ을 표준어로 삼고, ㄴ을 버림.)

ㄱ	ㄴ	비 고
귀-글	구-글	
글-귀	글-구	

제3절 준말

제14항 준말이 널리 쓰이고 본말이 잘 쓰이지 않는 경우에는, 준말만을 표준어로 삼는다.(ㄱ을 표준어로 삼고, ㄴ을 버림.)

ㄱ	ㄴ	비 고
귀찮다	귀치 않다	
김	기음	~매다
똬리	또아리	
무	무우	~강즙, ~말랭이, ~생채, 가랑~, 갓~, 외~, 총각~
미다	무이다	1. 털이 빠져 살이 드러나다. 2. 찢어지다
뱀	배암	
뱀-장어	배암-장어	
빔	비음	설~, 생일~
샘	새암	~바르다, ~바리
생-쥐	새앙-쥐	
솔개	소리개	
온-갖	온-가지	
장사-	장사-아치	

제15항 준말이 쓰이고 있더라도, 본말이 널리 쓰이고 있으면 본말을 표준어로 삼는다.(ㄱ을 표준어로 삼고, ㄴ을 버림.)

ㄱ	ㄴ	비 고
경황-없다	경-없다	
궁상-떨다	궁-떨다	
귀이-개	귀-개	
낌새	낌	
낙인-찍다	낙-하다/ 낙-치다	
내왕-꾼	냉-꾼	
돗-자리	돗	
뒤웅-박	뒝-박	
뒷물-대야	뒷-대야	
마구-잡이	막-잡이	
맵자-하다	맵자다	모양이 제격에 어울리다
모이	모	
벽-돌	벽	
부스럼	부럼	정월 보름에 쓰는 '부럼'은 표준어임.

살얼음-판	살-판	
수두룩-하다	수둑-하다	
암-죽	암	
어음	엄	
일구다	일다	
죽-살이	죽-살	
퇴박-맞다	퇴-맞다	
한통-치다	통-치다	

[붙임] 다음과 같이 명사에 조사가 붙은 경우에도 이 원칙을 적용한다.(ㄱ을 표준어로 삼고, ㄴ을 버림.)

ㄱ	ㄴ	비 고
아래-로	알-로	

제16항 준말과 본말이 다 같이 널리 쓰이면서 준말의 효용이 뚜렷이 인정되는 것은, 두 가지를 다 표준어로 삼는다.(ㄱ은 본말이며, ㄴ을 준말임.)

ㄱ	ㄴ	비 고
거짓-부리	거짓-불	작은말은 '가짓부러, 가짓불' 임
노을	놀	저녁~
막대기	막대	
망태기	망태	
머무르다	머물다	모음 어미가 연결될 때에는 준말의 활용형을 인정하지 않음.
서두르다	서둘다	
서투르디	서툴다	
석새-삼베	석새-베	
시-누이	시-뉘/시-누	
오-누이	오-뉘/오-누	
외우다	외다	외우며, 외워 : 외며, 외어
이기죽-거리다	이죽-거리다	
찌꺼기	찌끼	'찌꺽지' 는 비표준어임.

제4절 단수 표준어

제17항 비슷한 발음의 몇 형태가 쓰일 경우, 그 의미에 아무런 차이가 없고, 그 중 하나가 더 널리 쓰이면, 그 한 형태만을 표준어로 삼는다.(ㄱ을 표준어로 삼고, ㄴ을 버림.)

ㄱ	ㄴ	비 고
거든-그리다	거둥-그리다	1. 거든하게 거두어 싸다 2. 작은말은 '가든-그리다' 임.
구어-박다	구워-박다	사람이 한 군데서만 지내다.
귀-고리	귀엣-고리	
귀-띔	귀-틤	
귀-지	귀-에지	
까딱-하면	까땍-하면	
꼭두-각시	꼭둑-각시	
내색	나색	감정이 나타나는 얼굴 빛
내숭-스럽다	내흉-스럽다	
냠냠-거리다	얌냠-거리다	냠냠-하다
냠냠-이	얌냠-이	
너[四]	네	~돈, ~말, ~발, ~푼
넉[四]	너/네	~냥, ~되, ~섬, ~자
다다르다	다닫다	
댑-싸리	대-싸리	
더부룩-하다	더뿌룩-하다/ 듬뿌룩-하다	
-던	-든	선택, 무관의 뜻을 나타내는 어미는 '-든' 임. 가-든(지) 말-든(지), 보-든(가) 말-든(가)
-던가	-든가	
-던걸	-든걸	
-던고	-든고	
-던데	-든데	
-던지	-든지	
-(으)려고	-(으)ㄹ려고/ -(으)ㄹ라고	
-(으)려야	-(으)ㄹ려야/ -(으)ㄹ래야	
망가-뜨리다	망그-뜨리다	
멸치	며루치/메리치	
반빗-아치	반비-아치	'반빗' 노릇을 하는 사람, 찬비(饌婢) '반비' 는 밥짓는 일을 맡은 계집종
보습	보십/보섭	
본새	뽄새	
봉숭아	봉숭화	'봉선화' 도 표준어임.
뺨-따귀	뺌-따귀/뺨따구니	'뺨' 의 비속어임.
뻐개다[斫]	뻐기다	두 조각으로 가르다.

삐기다[誇]	빼개다	뽐내다
사자-탈	사지-탈	
상-판대기	쌍-판대기	
서[三]	세/석	~돈, ~말, ~발, ~푼
석[三]	세	~냥, ~되, ~섬, ~자
설령(設令)	서령	
-습니다	-읍니다	먹습니다, 갔습니다, 없습니다, 있습니다, 좋습니다 모음 뒤에는 '-ㅂ니다' 임.
시름-시름	시늠-시늠	
씀벅-씀벅	썸벅-썸벅	
아궁이	아궁지	
아내	안해	
어중-간	어지-중간	
오금-팽이	오금-탱이	
오래-오래	도래-도래	돼지 부르는 소리
-올시다	-올습니다	
옹골-차다	공골-차다	
우두커니	우두머니	작은 말은 '오도카니' 임.
잠-투정	잠-투세/잠-주정	
재봉-틀	자봉-틀	발~, 손~
짓-무르다	짓-물다	
짚-북데기	짚-북세기	'짚북더기' 도 비표준어임.
쪽	짝	편(便). 이~, 그~, 저~ 다만, '아무-짝' 은 '짝' 임.
천장(天障)	천정	'천정부지(天井不知)' 는 '천정' 임.
코-맹맹이	코-맹녕이	
흉-업다	흉-헙다	

제5절 복수 표준어

제18항 다음 단어는 ㄱ을 원칙으로 하고, ㄴ도 허용한다.

ㄱ	ㄴ	비 고
네	예	
쇠-	소-	-가죽, -고기, -기름, -머리, -뼈
괴다	고이다	물이~. 밑을~.
꾀다	꼬이다	어린애를~. 벌레가~.
쐬다	쏘이다	바람을~.

죄다 쬐다	조이다 쪼이다	나사를~. 볕을~.

제19항 어감의 차이를 나타내는 단어 또는 발음이 비슷한 단어들이 다 같이 널리 쓰이는 경우에는, 그 모두를 표준어로 삼는다.(ㄱ, ㄴ을 모두 표준어로 삼음.)

ㄱ	ㄴ	비 고
거슴츠레-하다	게슴츠레-하다	
고까	꼬까	~신, ~옷
고린-내	코린-내	
교기(驕氣)	갸기	교만한 태도
구린-내	쿠린-내	
꺼림-하다	께름-하다	
나부랭이	너부렁이	

제3장 어휘 선택의 변화에 따른 표준어 규정

제1절 고어

제20항 사어(死語)가 되어 쓰이지 않게 된 단어는 고어로 처리하고, 현재 널리 사용되는 단어를 표준어로 삼는다.(ㄱ을 표준어로 삼고, ㄴ을 버림.)

ㄱ	ㄴ	비 고
난봉	봉	
낭떠러지	낭	
설거지-하다	설겆다	
애달프다	애닯다	
오동-나무	머귀-나무	
자두	오얏	

제2절 한자어

제21항 고유어 계열의 단어가 널리 쓰이고 그에 대응되는 한자어 계열의 단어가 용도를 잃게 된 것은, 고유의 계열의 단어만을 표준어로 삼는다.(ㄱ을 표준어로 삼고, ㄴ을 버림.)

ㄱ	ㄴ	비 고
가루-약	말-약	
구들-장	방-돌	
길품-삯	보행-삯	
까막-눈	맹-눈	
꼭지-미역	총각-미역	
나뭇-갓	시장-갓	
늙-다리	노닥다리	
두껍-닫이	두껍-창	
떡-암죽	병-암죽	
마른-갈이	건-갈이	
마른-빨래	건-빨래	
메-찰떡	반-찰떡	
박달-나무	배달-나무	
밥-소라	식-소라	큰 놋그릇
사래-논	사래-답	묘지기나 마름이 부쳐 먹는 땅
사래-밭	사래-전	
삯-말	삯-마	
성냥	화곽	
솟을-무늬	솟을-문(-紋)	
외-지다	벽-지다	
움-파	동-파	
잎-담배	잎-초	
잔-돈	잔-전	
조-당수	조-당죽	
죽데기	피-죽	'죽더기' 도 비표준어임.
지겟-다리	목-발	지게 동발의 양쪽다리
짐-꾼	부지-군(負持-)	
푼-돈	분-전/푼-전	
흰-말	백-말/부루-말	'백마' 는 표준어임.
흰-죽	백-죽	

제22항 고유어 계열의 단어가 생명력을 잃고 그에 대응되는 한자어 계열의 단어가 널리 쓰이면, 한자어 계열의 단어를 표준어로 삼는다.(ㄱ을 표준어로 삼고, ㄴ을 버림.)

ㄱ	ㄴ	비 고
개다리-소반	개다리-밥상	
겸-상	맞-상	
고봉-밥	높은-밥	
단-벌	홑-벌	

마방-집	마바리-집	馬房~
민망-스럽다/ 면구-스럽다	민주-스럽다	
방-고래	구들-고래	
부항-단지	뜸-단지	
산-누에	멧-누에	
산-줄기	멧-줄기/멧-발	
수-삼	무-삼	
심-돋우개	불-돋우개	
양-파	둥근-파	
어질-병	어질-머리	
윤-달	군-달	
장력-세다	장성-세다	
제-석	젯-돗	
총각-무	알-무/알타리-무	
칫-솔	잇-솔	
포수	총-댕이	

제3절 방언

제23항 방언이던 단어가 표준어보다 더 널리 쓰이게 된 것은, 그것을 표준어로 삼는다. 이 경우, 원래의 표준어는 그대로 표준어로 남겨 두는 것을 원칙으로 한다.(ㄱ을 표준어로 삼고, ㄴ도 표준어로 남겨 둠.)

ㄱ	ㄴ	비 고
멍게	우렁쉥이	
물-방개	선두리	
애-순	어린-순	

제24항 방언이던 단어가 널리 쓰이게 됨에 따라 표준어이던 단어가 안 쓰이게 된 것은, 방언이던 단어를 표준어로 삼는다.(ㄱ을 표준어로 삼고, ㄴ을 버림.)

ㄱ	ㄴ	비 고
귀밑-머리	귓-머리	
까-뭉개다	까-무느다	
막상	마기	
빈대-떡	빈자-떡	
생인-손	생안-손	준말은 '생-손' 임.

역-겹다	역-스럽다	
코-주부	코-보	

제4절 단수 표준어

제25항 의미가 똑같은 형태가 몇 가지 있을 경우, 그 중 어느 하나가 압도적으로 널리 쓰이면, 그 단어만을 표준어로 삼는다.(ㄱ을 표준어로 삼고, ㄴ을 버림.)

ㄱ	ㄴ	비 고
-게끔	-게시리	
겸사-겸사	겸지-겸지/겸두-겸두	
고구마	참-감자	
고치다	낫우다	병을~.
골목-쟁이	골목-자기	
광주리	광우리	
괴통	호구	자루를 박는 부분
국-물	멀-국/말-국	
군-표	군용-어음	
길-잡이	길-앞잡이	'길라잡이' 도 표준어임.
까다롭다	까닭-스럽다/ 까탈-스럽다	
까치-발	까치-다리	신반 따위를 받치는 물건
꼬창-모	말뚝-모	꼬창이로 구멍을 뚫으면서 심는 모
나룻-배	나루	'나루[津]' 는 표준어임.
납-도리	민-도리	
농-지거리	기롱-지거리	다른 의미의 '기롱지거리' 는 표준어임. 간섭을 잘 하다.
다사-스럽다	다사-하다	이리~.
다오	다구	
담배-꽁초	담배-꼬투리/ 담배-꽁치/ 담배-꽁추	
담배-설대	대-설대	
대장-일	성냥-일	
뒤져-내다	뒤어-내다	
뒤통수-치다	뒤꼭지-치다	
등-나무	등-칡	'등' 의 낮은말.
등-때기	등-떠리	
등잔-걸이	등경-걸이	
떡-보	떡-충이	

똑딱-단추	딸꼭-단추	
매-만지다	우미다	
먼-발치	먼-발치기	
며느리-발톱	뒷-발톱	
명주-붙이	주-사니	
목-메다	목-맺히다	
밀짚-모자	보릿짚-모자	
바가지	열-바가지/열-박	
바람-꼭지	바람-고다리	튜브의 바람을 넣는 구멍에 붙은, 쇠로 만든 꼭지
반-나절	나절-가웃	
반두	독대	그물의 한 가지
버젓-이	뉘연-히	
본-받다	법-받다	
부각	다시마-자반	
부끄러워-하다	부끄리다	
부스러기	부스러기	
부지깽이	부지팽이	
부항-단지	부항-항아리	부스럼에서 피고름을 빨아내기 위하여 부항을 붙이는 데 쓰는 자그마한 단지
붉으락-푸르락	푸르락-붉으락	
비켜-덩이	옆-사리미	김맬 때에 흙덩이를 옆으로 빼내는 일, 또는 그 흙덩이
빙충-이	빙충-맞이	작은말은 '뱅충이'
빠-뜨리다	빠치-다	'빠트리다' 도 표준어임.
뻣뻣-하다	왜긋다	
뽐-내다	느물다	
사로-잠그다	사로-채우다	자물쇠나 빗장 따위를 반 정도만 걸어 놓다.
살-풀이	살-막이	
상투-쟁이	상투-꼬부랑이	상투 튼 이를 놀리는 말
새앙-손이	생강-손이	
샛-별	새벽-별	
선-머슴	풋-머슴	
섭섭-하다	애운-하다	
속-말	속-소리	국악 용어 '속소리' 는 표준어임.
손목-시계	팔목-시계/ 팔뚝-시계	
손-수레	손-구루마	'구루마' 는 일본어임.
쇠-고랑	고랑-쇠	

수도-꼭지	수도-고동	
숙성-하다	숙-지다	
순대	골집	
술-고래	술-꾸러기/술-부대/술보/술-푸대	
식은-땀	찬-땀	
신기-롭다	신기-스럽다	'신기-하다' 도 표준어임.
쌍동-밤	쪽-밤	
쏜살-같이	쏜살-로	
아주	영판	
안-걸이	안-낚시	씨름 용어
안다미-씌우다	안다미-시키다	제가 담당할 책임을 남에게 넘기다.
안쓰럽다	안-슬프다	
안절부절-못하다	안절부절-하다	
앉은뱅이-저울	앉은-저울	
알-사탕	구슬-사탕	
암-내	곁땀-내	
앞-지르다	따라-먹다	
애-벌레	어린-벌레	
얕은-꾀	물탄-꾀	
언뜻	펀뜻	
언제나	노다지	
얼룩-말	워리-말	
-에는	-엘랑	
열심-히	열심-으로	
입-담	말-담	
자배기	너벅지	
전봇-대	전선-대	
주책-없다	주책-이다	'주착→주책' 은 제11항 참조
쥐락-펴락	펴락-쥐락	
-지만	-지만서도	←-지마는
짓고-땡	지어-땡/짓고-땡이	
짧은-작	짜른-작	
찹-쌀	이-찹쌀	
청대-콩	푸른-콩	
칡-범	갈-범	

제5절 복수 표준어

제26항 한 가지 의미를 나타내는 형태 몇 가지가 널리 쓰이며 표준어 규정에 맞으면, 그 모두를 표준어로 삼는다.

복수 표준어	비 고
가는-허리/잔-허리	
가락-엿/가래-엿	
가뭄/가물	
가엾다/가엽다	가엾어/가여워, 가엾은/가여운
감감-무소식/감감-소식	
개수-통/설거지-통	'설겆다' 는 '설거지-하다' 로
개숫-물/설거지-물	
갱-엿/검은-엿	
-거리다/-대다	가물-, 출렁-
거위-배/횟-배	
것/해	내~, 네~, 뉘~
게을러-빠지다/게을러-터지다	
고깃-간/푸줏-간	'고깃-관, 푸줏-관, 다림-방' 은 비표준어임.
곰곰/곰곰-이	
관계-없다/상관-없다	
교정-보다/준-보다	
구들-재/구재	
귀퉁-머리/귀퉁-배기	'귀퉁이' 의 비어임.
극성-떨다/극성-부리다	
기세-부리다/기세-피우다	
기승-떨다/기승-부리다	
깃-저고리/배내-옷/배냇-저고리	
꼬까/때때/고까	~신, ~옷
꼬리-별/살-별	
꽃-도미/붉-돔	
나귀/당-나귀	
날-걸/세-뿔	윷판의 쨀밭 다음의 셋째 밭
내리-글씨/세로-글씨	
넝쿨/덩굴	'덩쿨' 은 비표준어임
녘/쪽	동~, 서~
눈-대중/눈-어림/ 눈-짐작	
느리-광이/느림-보/늘-보	
늦-모/마냥-모	←만이앙-모
다기-지다/다기-차다	

다달-이/매-달	
-다마다/-고말고	
다박-나룻/다박-수염	
닭의-장/닭-장	
댓-돌/툇-돌	
덧-창/겉-창	
독장-치다/독판-치다	
동자-기둥/쪼구미	
돼지-감자/뚱딴지	
되우/된통/되게	
두동-무니/두동-사니	윷놀이에서, 두 동이 한데 어울려 가는 말
뒷-갈망/뒷-감당	
뒷-말/뒷-소리	
들락-거리다/들랑-거리다	
들락-날락/들랑-날랑	
딴-전/딴-청	
땅-콩/호-콩	
땔-감/땔-거리	
-뜨리다/-트리다	깨-, 떨어-, 쏟-
뜬-것/뜬-귀신	
마룻-줄/용총-줄	돛대에 매어놓은 줄. '이어줄' 은 비표준어임.
마-파람/앞-바람	
만장-판/만장-중(滿場中)	
만큼/만치	
말-동무/말-벗	
매-갈이/매-조미	
매-통/목-매	
먹-새/먹음-새	'먹음-먹이' 는 비표준어임.
멀찌감치/멀찌가니/멀찍이	
멱통/산-멱/산-멱통	
면-치레/외면-치레	
모-내다/모-심다	모-내기/모-심기
모쪼록/아무쪼록	
목판-되/모-되	
목화-씨/면화-씨	
무심-결/무심-중	
물-봉숭아/물-봉선화	
물-부리/빨-부리	
물-심부름/물-시중	
물추리-나무/물추리-막대	

물-타작/진-타작	
민둥-산/벌겋숭이-산	
밑-층/아래-층	
바깥-벽/밭-벽	
바른/오른[右]	~손, ~쪽, ~편
발-모가지/발-목쟁이	'발목' 의 비속어임.
버들-강아지/버들-개지	
벌레/버러지	'벌거지, 벌러지' 는 비표준어임
변덕-스럽다/변덕-맞다	
보-조개/볼-우물	
보통-내기/여간-내기/예사-내기	'행-내기' 는 비표준어임.
볼-따구니/볼-퉁이/볼-때기	'볼' 의 비속어임.
부침개-질/부침-질/지짐-질	'부치개-질' 은 비표준어임.
불똥-앉다/등화-지다/등화-앉다	
불-사르다/사르다	
비발/비용(費用)	
뾰두라지/뾰루지	
살-쾡이/삵	삵-피
삽살-개/삽사리	
상두-꾼/상여-꾼	'상도-꾼, 향도-꾼' 은 비표준어임
상-씨름/소-걸이	
생/새앙/생강	
생-뿔/새앙-뿔/생강-뿔	'쇠뿔' 의 형용
생-철/양-철	1. '서양-철' 은 비표준어임. 2. '生鐵' 은 '무쇠' 임.
서럽다/섧다	'설다' 는 비표준어임.
서방-질/화냥-질	
성글다/성기다	
-(으)세요/-(으)셔요	
송이/송이-버섯	
수수-깡/수숫-대	
술-안주/안주	
-스레하다/-스름하다	거무-, 발그-
시늉-말/흉내-말	
시새/세사(細沙)	
신/신발	
신주-보/독보(櫝褓)	
심술-꾸러기/심술-쟁이	
씁쓰레-하다/씁쓰름-하다	
아귀-세다/아귀-차다	
아래-위/위-아래	

아무튼/어떻든/어쨌든/하여튼/여하튼	
앉음-새/앉음-앉음	
알은-척/알은-체	
애-갈이/애벌-갈이	
애꾸눈-이/외눈-박이	'외대-박이, 외눈-퉁이'는 비표준어임.
양념-감/양념-거리	
어금버금-하다/어금지금-하다	
어기여차/어여차	
어림-잡다/어림-치다	
어이-없다/어처구니-없다	
어저께/어제	
언덕-바지/언덕-배기	
얼렁-뚱땅/엄벙-뗑	
여왕-벌/장수-벌	
여쭈다/여쭙다	
여태/입때	'여직'은 비표준어임.
여태-껏/이제-껏/입때-껏	'여직-껏'은 비표준어임.
역성-들다/역성-하다	'편역-들다'는 비표준어임.
연-달다/잇-달다	
엿-가락/엿-가래	
엿-기름/엿-길금	
엿-반대기/엿-자박	
오사리-잡놈/오색-잡놈	'오합-잡놈'은 비표준어임.
옥수수/강냉이	~떡, ~묵, ~밥, ~튀김
왕골-기직/왕골-자리	
외겹-실/외올-실/홑-실	'홑겹-실, 올-실'은 비표준어임.
외손-잡이/한손-잡이	
욕심-꾸러기/욕심-쟁이	
우레/천둥	우렛-소리/천둥-소리
우지/울-보	
을러-대다/을러-메다	
의심-스럽다/의심-쩍다	
-이에요/-이어요	
이틀-거리/당-고금	학질의 일종임.
일일-이/하나-하나	
일찌감치/일찌거니	
입찬-말/입찬-소리	
자리-옷/잠-옷	
자물-쇠/자물-통	
장가-가다/장가-들다	'서방-가다'는 비표준어임.
재롱-떨다/재롱-부리다	

제-가끔/제-각기	
좀-처럼/좀-체	'좀-체로, 좀-해선, 좀-해' 는 비표준어임.
줄-꾼/줄-잡이	
중신/중매	
짚-단/짚-뭇	
쪽/편	오른~, 왼~
차차/차츰	
책-씻이/책-거리	
척/체	모르는~, 잘난~
천연덕-스럽다/천연-스럽다	
철-따구니/철-딱서니/철-딱지	'철-때기' 는 비표준어임.
추어-올리다/추어-주다	'추켜-올리다' 는 비표준어임.
축-가다/축-나다	
침-놓다/침-주다	
통-꼭지/통-젖	통에 붙은 손잡이
파자-쟁이/해자-쟁이	점치는 이
편지-투/편지-틀	
한턱-내다/한턱-하다	
해웃-값/해웃-돈	'해우-차' 는 비표준어임.
혼자-되다/홀로-되다	
흠-가다/흠-나다/흠-지다	

V 명저 백선 목록

영남대학교는 2009년도에 '고전 백선 추천위원회'를 구성하고, 문학, 역사, 철학, 경제, 과학, 시, 예술 등의 분야에서 동서고금의 대표적 명저 100권을 선정하였다. 선정된 명저 백선 리스트를 2009년부터 학교 홈페이지 'Y형인재교육' 내 '인성함양' 코너에 게시해 두었다. 게시된 명저 백선 리스트는 한글 자모의 순으로 제시되었으며 각 명저 리스트에 대해서는 한쪽 분량의 해제도 함께 제공하였다. 해제의 내용은 '작가 소개', '추천 이유', '명저 내용 요약' 등으로 구성하여 명저에 대한 학생들의 접근성을 높였다. 한편 학교 홈페이지 'Y형인재교육' 내 '명저 읽기와 글쓰기' 코너에는 영남대학교 선정 명저 리스트뿐만 아니라 칭화대학교와 시카고대학교 선정 고전 리스트를 함께 올려 학생 스스로 자신의 능력과 필요에 맞게 단계별 독서를 할 수 있도록 하였다.

번호	도서명	저자
1	간디 자서전	마하트마 간디
2	감시와 처벌	미셸 푸코
3	강의	신영복
4	거대한 전환	칼 폴라니
5	거의 모든 것의 역사	빌 브라이슨
6	고리오 영감	오노레 발자크
7	과학혁명의 구조	토마스 쿤
8	광장	최인훈
9	구운몽	김만중
10	국가	플라톤
11	국부론	아담 스미스
12	국화와 칼	루스 베네딕트
13	그리스 비극	소포클레스 외
14	나의 생애와 사상	알베르트 슈바이처
15	난장이가 쏘아올린 작은 공	조세희
16	난중일기	이순신
17	논어	공자
18	다산시선	정약용
19	당시선	두보 외
20	당신들의 천국	이청준
21	데미안	헤르만 헤세
22	도덕적 인간과 비도덕적 사회	라인홀트 니버
23	돈키호테	미겔 세르반테스
24	뜻으로 본 한국역사	함석헌
25	루쉰 소설집	루쉰
26	리바이어던	토마스 홉스
27	마담 퀴리	에브 퀴리
28	맹자	맹자
29	멋진 신세계	올더스 헉슬리
30	문학과 예술의 사회사	아놀드 하우저
31	문화의 수수께끼	마빈 해리스
32	물질문명과 자본주의	페르낭 브로델
33	미국의 민주주의	알렉시스 토크빌

34	미당 시선	서정주
35	미디어의 이해	마샬 맥루한
36	백년동안의 고독	가브리엘 마르케스
37	백범일지	김구
38	백석시전집	백석
39	법구경	
40	베토벤의 생애	로맹 롤랑
41	변신	프란츠 카프카
42	불한당들의 세계사	호르헤 보르헤스
43	빌러비드	토니 모리슨
44	사기	사마천
45	사회계약론	장 자크 루소
46	삼국유사	일연
47	삼국지	나관중
48	설국	가와바타 야스나리
49	세계화의 덫	한스 페터 마르틴
50	슬픈 열대	클로드 레비스트로스
51	아라비안나이트	
52	안나 카레니나	레오 톨스토이
53	어머니	막심 고리키
54	에로스와 문명	허버트 마르쿠제
55	엔트로피	제레미 리프킨
56	역대명화기	장언원
57	역사란 무엇인가	에드워드 카
58	열하일기	박지원
59	예술과 과학	엘리안 스트로베르
60	예술과 환영	에른스트 한스 곰브리치
61	오래된 미래	헬레나 노르베리 호지
62	오리엔탈리즘	에드워드 사이드
63	오만과 편견	제인 오스틴
64	월든	데이빗 소로우
65	위대한 유산	찰스 디킨스
66	유토피아	토마스 모어
67	이기적 유전자	리처드 도킨스

68	이반 데니소비치의 하루	알렉산드로 솔제니친
69	이방인	알베르 까뮈
70	인간의 조건	한나 아렌트
71	일리아드	호머
72	임꺽정	홍명희
73	자기만의 방	버지니아 울프
74	자본론	칼 맑스
75	자유론	존 스튜어트 밀
76	장미의 이름(상, 하권)	움베르토 에코
77	장자	장자
78	적과 흑	스탕달
79	젊은 베르테르의 슬픔	요한 볼프강 괴테
80	젊은 예술가의 초상	제임스 조이스
81	정신분석 강의	지그문트 프로이트
82	종의 기원	찰스 다윈
83	주홍글자	나다니엘 호손
84	천변풍경	박태원
85	체 게바라 자서전	체 게바라
86	카라마조프가의 형제들	표도르 도스토예프스키
87	카오스	제임스 글라크
88	코스모스	칼 세이건
89	태평천하	채만식
90	털없는 원숭이	데즈먼드 모리스
91	퇴계문선	이황
92	팡세	파스칼
93	폭풍의 언덕	에밀리 브론테
94	풍속의 역사	에두아르드 푹스
95	프로테스탄티즘 윤리와 자본주의 정신	막스 베버
96	햄릿	윌리엄 세익스피어
97	혁명의 시대	에릭 홉스봄
98	현대물리학과 동양사상	프리초프 카프라
99	호밀밭의 파수꾼	제롬 샐린저
100	혼돈으로부터의 질서	일리야 프리고진 외